Eu Sou

Dados Internacionais de Catalogação na Publicação (CIP)
(Câmara Brasileira do Livro, SP, Brasil)

Leloup, Jean-Yves
  "Eu sou" : autoconhecimento e descoberta do Si-mesmo / Jean-Yves Leloup ; tradução de Guilherme João de Freitas Teixeira. – Petrópolis, RJ : Vozes, 2024.

  Título original: Qui est "Je Suis"?

  1ª reimpressão, 2024.

  ISBN 978-85-326-6516-4

  1. Autoconhecimento 2. Autoconsciência
  3. Autodescoberta 4. Cristianismo 5. Psicologia I. Título.

23-168093	CDD-200.19

Índices para catálogo sistemático:
1. Psicologia da religião   200.19

Aline Graziele Benitez – Bibliotecária – CRB-1/3129

JEAN-YVES LELOUP

"Eu Sou"

**Autoconhecimento
e descoberta do Si-mesmo**

Tradução de Guilherme João de Freitas Teixeira

Petrópolis

© Éditions du Relié, 2009

Tradução do original em francês intitulado
Qui est «Je Suis»? – Connaissance de soi et connaisance du Soi

Direitos de publicação em língua portuguesa – Brasil:
2024, Editora Vozes Ltda.
Rua Frei Luís, 100
25689-900 Petrópolis, RJ
www.vozes.com.br
Brasil

Todos os direitos reservados. Nenhuma parte desta obra poderá ser reproduzida ou transmitida por qualquer forma e/ou quaisquer meios (eletrônico ou mecânico, incluindo fotocópia e gravação) ou arquivada em qualquer sistema ou banco de dados sem permissão escrita da editora.

CONSELHO EDITORIAL

Diretor
Volney J. Berkenbrock

Editores
Aline dos Santos Carneiro
Edrian Josué Pasini
Marilac Loraine Oleniki
Welder Lancieri Marchini

Conselheiros
Elói Dionísio Piva
Francisco Morás
Gilberto Gonçalves Garcia
Ludovico Garmus
Teobaldo Heidemann

Secretário executivo
Leonardo A.R.T. dos Santos

PRODUÇÃO EDITORIAL

Aline L.R. de Barros
Marcelo Telles
Mirela de Oliveira
Otaviano M. Cunha
Rafael de Oliveira
Samuel Rezende
Vanessa Luz
Verônica M. Guedes

Conselho de projetos editoriais
Isabelle Theodora R.S. Martins
Luísa Ramos M. Lorenzi
Natália França
Priscilla A.F. Alves

Editoração: Maria da Conceição B. de Sousa
Diagramação: Littera Comunicação e Design
Revisão gráfica: Michele Guedes Schmid
Capa: Estúdio 483

ISBN 978-85-326-6516-4 (Brasil)
ISBN 978-2-35490-031-1 (França)

Este livro foi composto e impresso pela Editora Vozes Ltda.

Sumário

Introdução, 7

Capítulo I – Quem é o Eu Sou? Onde está o Eu Sou?, 13

Capítulo II – Abordagens filosóficas, 25

Capítulo III – Abordagens teológicas, 37

    A – O nome do ser ou o ser cujo nome é "Eu Sou", 25

    B – A apropriação do nome divino por Ieschua de Nazaré, 47

        "Ego Eimi" no Evangelho de João, 51

        "Eu sou a Vida" (Jo 14,6), 53

        "Eu sou a Porta" (Jo 10,7), 54

        "Eu sou a Luz" (Jo 8,12), 56

        "Eu sou o Bom Pastor" (1) – (Jo 10,11), 57

        "Eu sou o Bom Pastor" (2) – (Jo 10,11), 58

        "Eu sou o Filho [de Deus]" (Jo 10,36), 59

    C – Ressonâncias do "Eu Sou" em diversas tradições, 67

    D – Pensamentos em desordem – Textos curtos e exercícios em torno da pergunta: "Onde está o Eu Sou?", 77

Introdução

Quem é o "Eu Sou"?[*]

Tal questionamento não se formula, em primeiro lugar, no plano metafísico ou ontológico. Convém levar em consideração o cotidiano em que a expressão – "Eu sou / estou" – declina-se de múltiplas maneiras: estou em "grande forma", doente, cansado, feliz etc.; além de observar a identificação de nosso "Eu sou / estou" com um estado do corpo ou um estado anímico. Em seguida, será possível chamar a atenção para nossas identificações "funcionais" ou "relacionais": sou comerciante, editor, estou desempregado etc. Sou pai de duas crianças, casado, filho(a) de... etc.

Alguns irão identificar-se, preferencialmente, com um qualificativo religioso ou filosófico: sou cristão, ateu, muçulmano, judeu, hedonista, estoico, nietzscheano, agnóstico etc.

---

[*] No original, "Je suis": presente do indicativo, na primeira pessoa, do verbo "être" que, em português, pode ser traduzido por "ser" ou "estar" [N.T.].

Os rótulos pipocam, mas será que alguém conseguiu, um dia, saber o que eles significam realmente?

Quem é o "Eu Sou"?

É possível, neste caso, aprofundar a investigação: diferentes escolas de biologia, psicologia, psicanálise, neurociência hão de fornecer alguns elementos de resposta, advertindo-nos para o fato de que esse "Eu" – presumivelmente, já bem conhecido por nós – é constituído por uma enorme quantidade de lembranças e de aspectos desconhecidos. Seu inconsciente não é apenas pessoal, mas também transgeracional, coletivo, cósmico... há quem avance ainda mais longe e acabe por falar de um inconsciente abismal – inominável, irrepresentável (apofático) e não tanto ontológico.

Quem é o "Eu Sou"?

Alguns filósofos hão de identificá-lo com a essência da vida, além de fazerem com que a vontade de viver e sua inabalável afirmação se tornem o próprio "fundo" da pessoa (cf. o *conatus* de Espinosa – a vontade de poder de Schopenhauer e de Nietzsche).

"Eu sou a Vida", "Eu vivo, tenho desejos, portanto, existo [je suis]" – por que não? Contanto que a Vida não seja reduzida à vida mortal, nem à força de pulsão, a qual antecede toda a forma de racionalidade ou de consciência à semelhança do que é defendido por Nietzsche.

"A vida que levo" não é exatamente "a Vida que eu sou", mesmo que eu seja incapaz de experimentar "a Vida que eu sou" fora da "vida que levo".

Outros filósofos – tais como, Buda – hão de preferir afirmar: "Eu sou consciência" ou "clara luz". "Penso, estou consciente, portanto, existo [je suis]".

Por que não?

Se não houver negligência do corpo, nem da vida, os quais manifestam essa consciência, tampouco da matéria que torna "visível" essa luz.

Há quem prefira afirmar: "Amo, portanto, existo [je suis]", sou capaz de doar, o amor gratuito (*agapé*) é minha essência – "Eu sou Amor".

Por que não?

Se esse amor é também luz e consciência, lucidez que se encarna em um corpo, uma vida que se doa...

Eis os três "Eu Sou" importantes aos quais Ieschua de Nazaré parece identificar-se (cf. o Evangelho de João: "Eu sou a Verdade, a Vida, a Vida que se doa (*agapé*), a Luz...").

Eu ainda acrescentaria outro "Eu Sou" (o quarto): existe em mim algo do incondicionado, do não tempo, do não espaço. "Eu sou silêncio", estou isento de todos os determinismos, "Eu sou liberdade" – é, sem dúvida, em direção desse "Eu sou puro" que aponta, de novo, a proclamação de Ieschua: "Antes que Abraão existisse, 'Eu Sou'" (Jo 8,58)*.

---

* As citações bíblicas foram extraídas da *Bíblia Sagrada – Edição da família)*. Coord. geral: Ludovico Garmus. 51. ed. Petrópolis: Vozes, 2012 [N.T.].

Eu Sou é, então, o eco do Nome inominável YHWH* o Ser que é o que Ele É, o Ser assim, Aquele que faz existir tudo o que é: "Nada", "livre" do todo de que Ele é a causa...

Por que não?

Se, de novo, não houver esquecimento em colocar em relação essa liberdade que sou com a Vida que sou, a consciência que sou e o amor que sou. Se faltar um desses quatro elementos, o meu "Eu Sou" corre o risco de tornar-se um ídolo ou um estorvo.

De que serve estar vivo se levo minha vida de forma inconsciente, sem amor, e se não estou livre?

De que serve estar consciente se não me sinto "vivo", se essa consciência estiver destituída de amor, de liberdade?

De que serve estar amando, se esse amor não é consciente, não tem vida, se ele não me torna livre, nem faz com que o outro se torne livre; será que se trata ainda de amor ou não se limitará a ser apego ou dependência?

De que serve ser livre, livre de tudo – dos outros, do espaço e do tempo –, se essa liberdade não se doa mediante um amor que assume uma forma física, viva e consciente?

"Eu sou quem eu sou"; no entanto, sou incapaz de conhecer "Isso que é", a não ser que meu corpo esteja vivo, seja consciente, amante, livre.

---

* *Yahweh*; cf. Ex 3,13-14 [N.T.].

Da experiência desse puro "Eu Sou" – quintessência integrante dos quatro importantes "Eu Sou" –, deriva uma ética que não é uma lei exterior (social ou religiosa), mas a própria expressão de meu Ser mais íntimo quando Ele me diz ou inspira (trata-se efetivamente de um Sopro de vida e de uma força):

♦ Seja vivo: "Eu sou" é a vida.

♦ Seja amoroso: "Eu Sou" é o amor, a doação, a bem-aventurança.

♦ Seja consciente: "Eu Sou" é consciência, luz.

♦ Seja livre: "Eu Sou" é liberdade, abertura.

Tal poderia ser o "tetrálogo" inaugural para toda a ética por vir.

Nada a "encarnar" além de "Torna-te o que és".

Evidentemente, "és mortal", mas és também a vida, a consciência, o amor, a liberdade...

Tu és isto: "Eu Sou".

As páginas seguintes são um longínquo eco de "Isso" que cada um conhece ou experimenta quando cessam todas as pretensões ou opiniões, todas as veleidades que pretenderiam saber quem é o "Eu Sou"... elas constituem um convite ao conhecimento silencioso do Si-mesmo, do caráter particular de cada um...

Jean-Yves Leloup

Capítulo I

Quem é o Eu Sou?
Onde está o Eu Sou?

Formulemos esta pergunta:

"Quem é o Eu Sou?" – ou, mais exatamente, "onde está o Eu Sou?" para falar de maneira mais topológica –, pressupõe uma "distância" – há quem diga "lacuna" – entre "o que eu sou" e o "Eu Sou" que escrevo com maiúsculas... uma lacuna, uma distância entre o lugar ou a consciência em que me encontro agora e o lugar, a consciência em que, segundo se presume, está meu verdadeiro "Eu Sou".

A pergunta inexiste para aquele "que é o que ele é", para aquele "que está aí onde ele está" total e intensamente; ele é o que ele é, simplesmente, nem sequer ligando para a resposta à sua pergunta. Não há, nunca chegou a haver pergunta...

Assim, formular a pergunta pressupõe uma lacuna, uma distância...

O que fazer dessa lacuna, de tal distância? Há quem faça disso uma ficção ou uma ilusão, ou mais precisamente uma ignorância – a ignorância de Si ou do Si-

-mesmo (*avidya**, em sânscrito); enquanto outros fazem disso uma infração, um pecado (*hamartia* – uma falta de pontaria) e, sem dúvida, um sentimento de culpa, a culpa original de não ser o Si-mesmo, de não ser o "Eu Sou", de limitar-se a ser "o que eu sou"...

Não ser o Ser será realmente uma infração ou uma queda?

Para nós, essa lacuna ou distância – sentida profundamente – entre "o que eu sou" e o "Eu Sou", entre "o que é" e "o Ser que é", não será considerada uma infração nem um pecado, tampouco uma ilusão, um erro ou uma falsa crença, mas simplesmente uma "oportunidade" – um *kairos*, diriam os gregos – para analisar em profundidade "o entremeio".

O que está "entre" o que eu sou, aí, agora, e o "Eu Sou, aí, sempre".

Esse "entremeio" é o próprio espaço de nossa aventura, de nossa busca. De nossa pergunta de topógrafo: "Onde está o Eu Sou?" Não será também o espaço em que a transdisciplinaridade se desloca e se move?

O topógrafo, segundo o dicionário *Le Petit Robert*, é "aquele que descreve os países estrangeiros".

"O que eu sou" não é algo estranho para mim, mas a evidência em que me encontro aí, agora.

O "Eu Sou", por sua vez, também não me é estranho, mas a evidência em que hei de encontrar-me no momento da morte "do que eu sou". A evidência em

---

* A ignorância fundamental: confusão entre aquilo que eu sou e aquilo que penso ser [N.T.].

que me encontro se deixo de me identificar "ao que eu sou" aí, agora.

Entre essas duas evidências (aliás, elas limitam-se a ser uma só!), existem os países estranhos ou estrangeiros que serão chamados na língua que é a nossa (mas convirá não esquecer de traduzir em outras "linguagens"), "níveis de realidade" ou "níveis de consciência".

A descrição desses níveis de realidade ou desses "múltiplos estados do Ser" pode ser rigorosa. No entanto, seu objeto permanece indefinido no sentido de Heisenberg e de seu princípio de incerteza; ou seja, afetado por sua própria descrição e, ainda mais, pelos limites dos instrumentos científicos – ou simplesmente humanos – utilizados pelo observador.

Um ensaio de topografia do inconsciente ou do consciente não poderá ser nada além da descrição por excelência do que permanece estranho e estrangeiro, descrição exata e rigorosa do que não cessa de nos escapar.

Estudar o funcionamento de um cérebro é algo possível; estudar aquele que estuda o funcionamento do cérebro é tarefa mais difícil... No entanto, o solipsismo é incontornável: "A única realidade para o sujeito pensante é ele mesmo". Tudo o que ele conhece está no interior ou passa através dele mesmo... De que serve conhecer mil e uma coisas se não conhecemos aquele que conhece as mil e uma coisas e que, de alguma forma, as "constrói" ou "desconstrói" de acordo com os humores e as modas de sua época...

Daí a pergunta ou, ainda mais, a "busca" do Sujeito – e não se trata de um momento da história da filosofia, mas da própria filosofia:

Quem é o "Eu Sou"? Quem pensa ser o "Eu Sou"? Um livro de Alain de Libera[1] poderia ser uma boa introdução ao nosso escopo:

> De que modo o *sujeito pensante* – ou, se preferirmos, *o homem* enquanto *sujeito e agente do pensamento* – abordou a filosofia? E por que motivo? O "sujeito" não é uma criação moderna, tampouco um conceito *psicológico* e, ainda menos, a invenção de Descartes; mas, sim, o produto de uma série de deslocamentos, de transformações e de refundições de uma rede tanto de noções – sujeito, agente, autor, ato, ação, paixão, comparsa, hipóstase, indivíduo,

---

1. LIBERA, A. *Archéologie du sujet*. Paris: Vrin, 2007 [ed. bras.: *A arqueologia do sujeito – Vol. I: Nascimento do sujeito*. Trad. de F.C. Murad. São Paulo: FAP-Unifesp, 2013, 528 p.]. De acordo com a apresentação desta obra pela editora, trata-se do "primeiro livro de uma série de quatro volumes dedicados à arqueologia do sujeito, que procuram reconstituir seu nascimento, seu desabrochar, sua ascensão progressiva à posição de titular único das funções do eu, do indivíduo e da pessoa: sujeito falante, sujeito pensante, sujeito desejante; em uma palavra, sujeito agente". • Vale lembrar que o original da presente tradução foi publicado em 2009. Cf. tb. SAVIAN FILHO, J. Seria o sujeito uma criação medieval? – Temas de arqueologia filosófica. *Trans/Form/Ação – Revista da Unesp*, Marília, v. 38, n. 2, p. 175-204, maio-ago./2015. Disponível em: https://revistas.marilia.unesp.br/index.php/transformacao/article/view/5239/3690 [N.T.].

consciência, pessoa, "eu" ["*je*"], ego [*moi*]*, Si-mesmo, egoidade –, de princípios (atribuição, imputação, apropriação), quanto de esquemas teóricos estabelecidos na Antiguidade tardia (Plotino, Porfírio, Agostinho), a qual foi elaborada na Idade Média (Boaventura, Tomás de Aquino) e, em seguida, questionada na era clássica pela invenção da "consciência" (Lockc). Uma história da subjetividade nada pode ser além de uma **arqueologia do sujeito**, lidando com o período de "longa duração" filosófica – desde a rejeição do "sujeito" mental, em Agostinho, até a redescoberta da inexistência intencional, em Brentano**, passando pela invenção do "ego" enquanto sujeito de ação e de pensamento, em Leibniz: uma história da filosofia do sujeito entendida como história do sujeito da filosofia, uma "arqueologia do saber" pensada no horizonte da "história do Ser". Estabelecido sob o duplo patrocínio de Martin Heidegger (1889-1976) e de Michel Foucault (1926-1984), este primeiro volume expõe um

---

* Em francês, palavras para exprimir "eu": *je*, pronome pessoal da primeira pessoa do singular acompanhado sempre do verbo, designando o sujeito; e *moi*, forma oblíqua tônica do pronome pessoal da primeira pessoa do singular utilizado para exprimir, em contexto psicanalítico, o *Ich* (eu) freudiano, comumente traduzido por ego [N.T.].

** Cf. SOUTIF, L.; MÁRQUEZ, C. Sobre Ur-intencionalidade. Revista de Filosofia Moderna e Contemporânea, v. 9, n. 2, p. 79-99, 2021. Disponível em: https://periodicos.unb.br/index.php/fmc/article/view/42920 [N.T.].

método, introduz os conceitos – pericorese[*], imanência psíquica, intencionalidade –, apresenta os esquemas (sujeito, comparsa, hipóstase, pessoa; atribuição, ação, inerência, denominação), além de forjar as ferramentas históricas – atributivismo, subjetividade – necessárias para construir um primeiro percurso filosófico e teológico nos quatro domínios em que se articula a figura inaugural da história da subjetividade: *Quem pensa? Qual é o sujeito do pensamento? Quem somos nós? O que é o homem?*

Tais perguntas exigem muito mais do que uma abordagem filosófica e sobretudo mais do que a abordagem da filosofia ocidental que nos é proposta por Alain de Libera; hoje em dia, é impossível passar por cima das filosofias orientais que, a essas mesmas perguntas, fornecem respostas quase sempre diferentes.

A abordagem arqueológica do sujeito não pode pôr de lado tais pensamentos que antecederam os saberes europeus (para não dizer, gregos), mencionados por esse autor.

Essas perguntas não se dirigem somente aos filósofos – sejam eles orientais ou ocidentais –, mas também aos cientistas, psicólogos e poetas; em geral, a literatura e, em particular, os romances teriam muito a dizer (aliás, o que chegaram a fazer) a respeito das diferentes maneiras como se exprime "o Sujeito".

---

* Cf. PALAORO, A. *Trindade: uma dança de vida*, 2021. Disponível em: https://www.centroloyola.org.br/revista/outras-palavras/espiritualidade/2336-trindade-uma-danca-de-vida [N.T.].

A abordagem do "Eu Sou" só pode ser transdisciplinar – ciências extas, ciências humanas, ciências filosóficas ou teológicas, a arte e a mística... – na medida em que todos esses enfoques dispõem de respostas rigorosas e exatas a respeito desse "Sujeito" continuamente indefinido...

Em uma abordagem apofática do Sujeito, gostaríamos precisamente de quebrar, para não dizer, desembaraçarmo-nos dessa "apreensão"... O que poderia permanecer, neste caso, é uma "pura Presença" que não é pensada... um "Eu Sou" que não poderia reduzir-se à experiência sensível, cognitiva ou afetiva que, eventualmente, pudéssemos ter a esse respeito.

Mas antes de entrar nesse "aberto", teremos de nos privar do prazer do topógrafo e de suas análises aprofundadas de ordem transdisciplinar; o que corresponderia a privar-nos da aventura humana.

Com paciência, portanto, teremos de aprofundar a pergunta – "Quem é o Eu Sou?", "Onde está o Eu Sou?" – de uma maneira semelhante àquela que utilizamos para escavar uma ranhura ou um poço, cujo fundo não cessa de esquivar-se, exigindo novos instrumentos ou novas disciplinas de investigação.

Aqui é proposta uma topografia entre outras, ela é singular: por detrás de qualquer topografia, não haverá "biografia"?

O "Eu Sou" não é "objeto a ser encontrado", nem uma identidade objetiva ou objetivável.

Picasso afirmava: "Eu não procuro; eu encontro". Nossa vida pode ser efetivamente uma sequência "de objetos encontrados", evidentemente, objetos de consciência... identidades provisórias ou quiméricas que ocupam o espaço do "Eu Sou", em vez de ceder-lhe o lugar...

Eu procuro e, às vezes, eu encontro (sobretudo se o que eu procuro é o que eu sou já), mas o que eu encontro não é objeto... ou, então, "objeto esburacado".

O que eu considerava como o fundo (o fundo de mim) não é o fundo; o que eu considerava como o "ego" não é o "Eu Sou"...

Como dizíamos, não há motivo para atribuir a essa lacuna ou a essa distância um sentimento de culpa; pelo contrário, deve ser vista como uma aventura, uma observação rigorosa tanto quanto seja possível, sabendo que esse rigor é, às vezes, o obstáculo à apreensão do que é "sem limites" e que declaro como se fosse "rigorosamente impossível".

Tentemos, contudo, propor essa topografia entre outras que é convite honesto para descer às profundezas de nossa pergunta: "Onde está o Eu Sou?"

O leitor já conhece a afirmação de Demócrito: "A verdade encontra-se no fundo do poço"; eu diria, de preferência, que é "a Origem que se encontra no fundo do poço". E se não tivéssemos a certeza disso de que serviria escavar? De onde chega até nós essa intuição da Origem e de que se deve escavar precisamente aí? O "Eu Sou" encontra-se no fundo do homem do mesmo modo que a Origem está no fundo do poço.

Evitemos precipitar-nos para afirmar que "o poço não tem fundo" e de que nada serve escavar... Isso não seria um pretexto ou uma ociosidade para deixar de enfrentar a pergunta e para suportar nossa sede como se tratasse do derradeiro sabor? Quando, afinal, a Origem tem um gosto completamente diferente; mas, de que modo obter tal conhecimento se ainda não descemos ao fundo do poço, se ainda não chegamos ao pleno entendimento da pergunta...

É assim que a transdisciplinaridade cessa de ser simples e correta erudição para tornar-se exercício ou ascese de transformação... Já que daqui em diante temos conhecimento disso, só podemos saber o que somos; mas será possível transformar o que somos?

Quem somos nós?

"Quem é o Eu Sou?"

Nos limites deste livrinho, resta-me apenas propor ao leitor o mapa ou a topografia do território que cada uma de nossas ciências poderá analisar de maneira mais aprofundada.

Para cada uma das "respostas" fornecidas à pergunta – "Quem é o Eu Sou?" –, convirá propor as informações, as referências que lhes servem de fundamento, o que pressupõe evidentemente uma enorme documentação, praticamente infinita uma vez que ela se refere a quase todos os domínios do saber antigo e contemporâneo.

Quem é o Eu Sou

(Entendo o vocábulo "ciência" enquanto abordagem rigorosa e aleatória do Real ou de um nível de realidade.)

Ciências cognitivas
Literatura, filosofia...

1) Eu sou o "ego" consciente

Ciências humanas
Psicologia, psicanálise...

2) Eu sou o "ego", filho(a) de meus pais
Inconsciente pessoal

3) Eu sou o "ego" transgeracional
"Eu sou meus antepassados" ⟶ Constelações familiares
⟶ Xamanismo

Ciências sociais
Psicologia das profundezas

4) Eu sou o "ego" coletivo ⟶ social
⟶ arquetípico

Ciências físicas

5) Eu sou meu "meio circundante"
Eu sou o universo, o "ego" cósmico

Ciências da imaginação

6) Eu sou meu "duplo de luz"
a Ideia – o Arquétipo – o Anjo

Ciências teológicas

7) Eu sou "Filho de Deus", Imago Dei
"Antes que Abraão fosse, Eu Sou"
"Eu Sou Siva"*

Ciências contemplativas
"Gnosis"

8) Eu sou a Origem, o Princípio
O começo e o fim
Eu sou "Deus"

Ciências apofáticas

9) "Eu sou quem eu sou" (YHWH)
Pura consciência – Pura Existência
Pura Bem-aventurança (Sat – Cit – Ananda)

10) (o Aberto, o Silêncio)

---

* Cf. *infra*, p. 76ss. [N.T.].

Este texto foi proposto a um grupo de cientistas, filósofos e psicólogos do Ciret, por ocasião de um colóquio – "Regards transdisciplinaires sur la conscience" [Perspectivas transdisciplinares sobre a consciência] no palácio do Luxemburgo (Senado), em Paris. Ele limita-se voluntariamente a uma abordagem filosófica e teológica; para uma abordagem mais psicológica, ver meu livro, *Manque et plenitude – Éléments pour une mémoire de l'essentiel*[*].

---

[*] Paris: Albin Michel, 1994 [Col. Espaces Libres] [ed. bras.: *Carência e plenitude – Elementos para uma memória do essencial*. Trad. de G.J.F. Teixeira. 3. ed. 1. reimpr. Petrópolis: Vozes, 2021, 253 p. [Série Unipaz – Colégio Internacional dos Terapeutas] [N.T.].

Capítulo II

Abordagens filosóficas

"Eu Sou o 'ego' consciente"

À pergunta "Quem é o Eu Sou?" é possível responder ingenuamente ou de uma forma mais elaborada: o "Ego", entendido como o "ego consciente"; o "ego" e "não um outro" e tampouco "como os outros"...

De onde nos vem esse sentimento de ser o "ego", de ser um "Eu", uma pessoa? Será a revelação de uma "subjetividade transcendental"? Ou será uma ilusão? Ou uma limitação do ser que "eu sou" àquele a respeito do qual posso ter consciência?

Vejamos o que escreve Kant:

> *Que o ser humano possa ter o Eu em sua representação, eleva-o infinitamente acima de todos os demais seres que vivem na terra. É por isso que ele é uma pessoa e, em virtude da unidade da consciência em todas as modificações suscetíveis de lhe ocorrerem, continua sendo uma e mesma pessoa [...]*
>
> *[...] todas as línguas têm de pensá-lo quando falam na primeira pessoa, ainda que não ex-*

primam esse "Eu" por meio de uma palavra especial[2].

Falar na primeira pessoa: eis o que faz com que o homem ou a mulher se torne um ser humano que é uma pessoa; quem diz "Eu" ou quem diz o "Eu" (o sujeito moderno encontra-se aí).

O escritor François Mauriac (1885-1970), no fim de sua vida, fica maravilhado igualmente diante dessa "continuidade da consciência" que é o "ego" no momento em que seu corpo passou por várias modificações e em que nada resta da criança, nem do adolescente que ele havia sido.

---

2 KANT, I. *Anthropologie d'un point de vue pragmatique*. Trad. de M. Foucault. Paris: Vrin, 1984 [ed. bras.: *Antropologia de um ponto de vista pragmático*. Trad. de C. Martins. São Paulo: Iluminuras, 2006 [Biblioteca Pólen, 2006] [ed. orig.: *Anthropologie in pragmatischer Hinsicht*, 1798]. • Texto constituído pela reunião de apontamentos devidamente revisados pelo autor, elaborados no decorrer de 25 anos, entre 1772 e 1797, como base nas leituras do curso de mesmo nome, ministrado por Immanuel Kant (1724-1804) na Universidade de Königsberg. – PIMENTA, P.P.G. A antropologia na encruzilhada [Resenha do livro *Antropologia de um ponto de vista pragmático*, de Immanuel Kant. *Cadernos de Filosofia Alemã: Crítica e Modernidade*, n. 9, p. 127-140, jan.-jun./2007. Disponível em: https://www.revistas.usp.br/filosofiaalema/article/view/64774/67391 – CONCEIÇÃO, J.V.C. A antropologia pragmática como uma doutrina da prudência nas versões dos cursos de Antropologia de Kant. *Trans/form/ação – Revista da Unesp*, Marília, v. 43, n. 2, p. 77-98, abr.-jun./2020. Disponível em: https://revistas.marilia.unesp.br/index.php/transformacao/article/view/7714/9429 – BORGES, M.L. (org.). *Comentários sobre a Antropologia de um ponto de vista pragmático, de Kant* [recurso eletrônico]. Florianópolis: Nefiponline, 2018, 268 p. [N.T.].

Qual é, portanto, esse ego que subsiste quando, afinal, desaparecem todos os elementos que o constituem?

Para Mauriac, trata-se de sua "alma", princípio que dá forma e anima o corpo que ele é; e, para o autor citado, essa alma tem a possibilidade de permanecer ou de perdurar mesmo quando deixa de ter qualquer matéria ou corpo a dar forma – e essa é a sua fé.

"O que Eu Sou é uma alma imortal", o pleno desenvolvimento e a floração dessa alma não podem se desdobrar completamente nas limitações impostas por sua forma carnal, mas existe outro espaço em que ela há de conseguir elevar-se em direção à pura luz...

De maneira mais prosaica – para René Descartes (1596-1650), filósofo e matemático, criador do pensamento cartesiano –, o "Eu Sou" é o "Eu" que pensa, é esse "Eu que pensa" que não morre, enquanto o resto é mortal. E ele não deixa de manifestar sua admiração diante do milagre de um sujeito capaz de pensamento, admiração que será também a de um dos mais importantes pensadores da Era Moderna, Blaise Pascal (1623-1662):

O homem não passa de um caniço, o mais fraco da natureza; mas é um caniço pensante. Não é preciso que o universo inteiro se arme para esmagá-lo: um vapor, uma gota de água bastam para matá-lo. Mas, mesmo que o universo o esmagasse, o homem seria ainda mais nobre do que seu algoz por saber que morre e a van-

> *tagem que o universo tem sobre ele; ora, o universo desconhece tudo isso.*
> *Toda a nossa dignidade consiste, portanto, no pensamento* [...]. (Pensamento 347)*

Se o pensamento é o que há de mais "digno" no ser humano, quem me diz que é o "Eu" que pensa, como afirma Descartes?

Não seria possível dizer que "isso" pensa, de acordo com as afirmações tanto de alguns autores modernos, quanto de determinadas filosofias orientais inspiradas pelo budismo que falam de "pensamento sem pensador"?

Aqui, a referência poderia ser este texto de Nietzsche (1844-1900):

> 17) *Was den Aberglauben der Logiker betrifft: so will ich nicht müde werden, eine kleine kurze Thatsache immer wieder zu unterstreichen, welche von diesen Abergläubischen ungern zugestanden wird, – nämlich, dass ein Gedanke kommt, wenn "er" will, und nicht wenn "ich" will; so dass es eine Fälschung des Thatbestandes ist, zu sagen*: das Subjekt "ich" ist die Bedingung des Prädikats "denke". Es denkt: *aber dass dies "es" gerade jenes alte berühmte "Ich" sei, ist, milde geredet, nur eine Annahme, eine Behauptung, vor Allem keine "unmittelbare Gewissheit". Zuletzt ist schon mit diesem "es*

---

* PASCAL, B. *Pensamentos*. Intr. e notas de C.-M. des Granges. Trad. de S. Milliet. 4. ed. São Paulo: Nova Cultural, 1988, p. 123-124 [Col. Os Pensadores] [N.T.].

denkt" zu viel gethan: schon dies "es" enthält eine Auslegung des Vorgangs und gehört nicht zum Vorgange selbst. Man schliesst hier nach der grammatischen Gewohnheit "Denken ist eine Thätigkeit, zu jeder Thätigkeit gehört Einer, der thätig ist, folglich..." Ungefähr nach dem gleichen Schema suchte die ältere Atomistik zu der "Kraft", die wirkt, noch jenes Klümpchen Materie, worin sie sitzt, aus der heraus sie wirkt, das Atom; strengere Köpfe lernten endlich ohne diesen "Erdenrest" auskommen, und vielleicht gewöhnt man sich eines Tages noch daran, auch seitens der Logiker ohne jenes kleine "es" (zu dem sich das ehrliche alte Ich verflüchtigt hat) auszukommen.*

Eis uma tradução-padrão desse texto em francês:

Pour ce qui est de la superstition des logiciens, je ne me lasserai jamais de souligner un petit fait que ces esprits superstitieux ne reconnaissent pas volontiers à savoir qu'une pensée se présente quand "elle" veut, et non pas quand "je" veux; de sorte que c'est falsifier *la réalité que de dire*: le sujet "je" est la condition du prédicat "pense". Quelque chose pense, *mais que ce quelque chose soit justement l'antique et fameux "je", voilà, pour nous exprimer avec modération, une simple hypothèse, une assertion, et en tout cas pas une "certitude immédiate". En définitive, ce* "quelque chose pense" *affirme déjà trop; ce "quelque chose" contient déjà une*

---

* *Jenseits von Gut und Böse* – Vorspiel einer Philosophie der Zukunft. Leipzig: C.G. Naumann, 1886 [N.T.].

interprétation du processus et n'appartient pas au processus lui-même. En cette matière, nous raisonnons d'après la routine grammaticale: "Penser est une action, toute action suppose un sujet qui l'accomplit, par conséquent..." C'est en se conformant à peu près au même schéma que l'atomisme ancien s'efforça de rattacher à l'"énergie" qui agit une particule de matière qu'elle tenait pour son siège et son origine, l'atome. Des esprits plus rigoureux nous ont enfin appris à nous passer de ce reliquat de matière, et peut-être un jour les logiciens s'habitueront-ils eux aussi à se passer de ce "quelque chose", auquel s'est réduit le respectable "je" du passé.

Quanto à tradução, em idioma inglês, a escritora e tradutora britânica, nascida na Alemanha, Helen Zimmern (1846-1934), propõe o seguinte texto:

With regard to the superstitions of logicians, I shall never tire of emphasizing a small, terse fact, which is unwillingly recognized by these credulous minds – namely, that a thought comes when "it" wishes, and not when "I" wish; so that it is a PERVERSION *of the facts of the case to say that* the subject "I" is the condition of the predicate "think". ONE thinks; *but that this "one" is precisely the famous old "ego" is, to put it mildly, only a supposition, an assertion, and assuredly not an "immediate certainty". After all, one has even gone too far with this* "one thinks" *– even the "one" contains an* INTERPRETATION *of the process, and does* *not belong to the process itself. One infers here according to the usual grammatical formula – "To think is an activity; every activity requires an* agency that is active; *consequently"… It was pretty much on the same lines that the older atomism sought, besides the operating "power", the material particle wherein it resides and out of which it operates – the atom. More rigorous minds, however, learnt at last to get along without this "earth-residuum", and perhaps some day we shall accustom ourselves, even from the logician's point of view, to get along without the little "one" (to which the worthy old "ego" has refined itself)* .

Vejamos, enfim, a tradução de Paulo César Lima de Souza:

Quanto à superstição dos lógicos, nunca me cansarei de sublinhar um pequeno fato que esses supersticiosos não admitem de bom grado – a saber, que um pensamento vem quando "ele" quer, e não quando "eu" quero; de modo que é um falseamento *da realidade efetiva dizer:* o sujeito "eu" é a condição do predicado "penso". *Isso pensa: mas que este "isso" seja precisamente o velho e decantado "eu" é, dito de maneira suave, apenas uma suposição, uma afirmação, e certamente não uma "certeza imediata". E mesmo com "isso pensa" já se foi longe demais; já o "isso" contém uma interpretação do processo, não é parte do processo*

---

* *Beyond Good and Evil: Prelude to a Philosophy of the Future.* Edimburgo: T.N. Foulis, 1906, p. 14-15 [N.T.].

mesmo. Aqui se conclui segundo o hábito gramatical: "Pensar é uma atividade, toda atividade requer um sujeito para realizá-la, *logo – ". Mais ou menos segundo esse esquema o velho atomismo buscou, além da "energia" que atua, o pedacinho de matéria onde ela fica e a partir do qual atua: o átomo. Cérebros mais rigorosos aprenderam finalmente a passar sem esse resíduo de matéria e, talvez, um dia nos habituemos, e os lógicos também, a passar sem o pequeno "isso" (a que se reduziu, volatizando--se, o velho e respeitável Eu)*.

Alain de Libera fornece as seguintes precisões:

Esse texto notável contém duas críticas: (a) contra a "superstição dos especialistas da lógica" mediante a qual o "eu" (*Ich*), em vez do "isso" (*Es*), é que é o sujeito do processo do pensamento (ou faz com que o "isso" seja, por sua vez, um sujeito distinto exterior ao processo designado pelo predicado, o que vem a dar no mesmo). Esse ataque poderia ser assinado por Lichtenberg, Wittgenstein ou Descombes**, para não dizer pelo conjunto da(s) modernidade(s), engajada(s) na crítica contra a "teoria

---

* *Além do bem e do mal – Prelúdio a uma filosofia do futuro.* Trad., notas e posfácio de P.C.L. de Souza. São Paulo: Cia. de Bolso, 1992 [Aforismo 17, 1ª parte intitulada "Dos preconceitos dos filósofos", p. 15-16] [N.T.].

** Filósofo francês, Vincent Descombes (1943-) é especialista em filosofia da mente e em filosofia da linguagem. Suas principais linhas de pesquisa giram em torno de uma filosofia da ação, de acordo com um prisma analítico de procedência nitidamente wittgensteiniana [N.T.].

clássica do sujeito", sejam elas estruturalistas, pós ou antiestruturalistas[3].

À leitura desse texto de Nietzsche, é possível chegar a uma melhor compreensão do motivo pelo qual esse filósofo chegou a ser considerado como um percursor de Freud: há, sem qualquer dúvida, pensamento no ser humano, mas tal pensamento não tem origem apenas na consciência. "Eu" não é responsável por todos os seus pensamentos: existe um inconsciente – é nesse inconsciente que a resposta 2 há de procurar a origem de sua identidade; identidade moldada por todas as memórias inscritas em nossos genes na história de nossa primeira infância.

Poderíamos continuar, assim, aprofundando nossa análise transdisciplinar e assinalar na topografia de nossos territórios interiores esse domínio do inconsciente – em primeiro lugar, pessoal; em seguida, transgeracional; e, depois, coletivo –, antes de abordarmos o cósmico que chama nossa atenção para a interdependência de nosso ser com aquele da "physis" (natureza).

A abordagem budista passará, às vezes, por cima do aprofundamento desses diversos inconscientes. Para um budista, com efeito, não há um "eu", mas apenas agregados de pensamentos, de volições, de sensações...

---

3 LIBERA, A. *Archéologie du sujet. Op. cit.*, p. 42.

É sobejamente conhecida a imagem do tanque:

Se removermos todos os elementos que o constituem, onde está o tanque? O que permanece é o Espaço em que aparece e desaparece o tanque. Não há pensador, apenas pensamentos: "Removam os pensamentos – onde estará o pensador?"

Se alguém for à procura do pensador, não conseguirá encontrá-lo; apenas serão encontrados sempre pensamentos. O que permanece é o espaço em que aparecem e desaparecem os pensamentos; mas esse espaço não será ainda um "pensamento"?

Haverá realmente um espaço que pensa?

Haverá um "espaço que se torna tanque"?

Um ser que se faz "eu", o "Eu Sou"?

Um "Verbo que se faz carne/*chair* (que se faz tanque/*char*), uma consciência que toma corpo?

Então, seria possível, talvez, vislumbrarmos três níveis da mesma "consciência" que deverão ser diferenciados, sem serem separados:

I – Consciência pura.

II – Consciência subjetiva ou consciência de si.

III – Consciência objetiva ou imagem de si.

Ou:

I – Consciência de Ser o "Eu Sou" (o Si-mesmo).

II – Consciência de ser "sujeito" (o ego ou a alma).

III – Consciência de ser o ego em um corpo (imagem de mim – encarnação).

Há quem imagine ou experimente como ilusórias "a consciência de ser o ego em um corpo" (III) e "a consciência de ser sujeito" (II) enquanto via de acesso à "pura Consciência"...

Outros hão de imaginar ou experimentar a aquiescência, ou a aceitação, de ser o si em um corpo (certamente, limitado e mortal) – III – e de ser sujeito: pessoa/*personne* (*per-sona*: aquilo através do qual ou de quem passa o Som, a consciência) enquanto via de acesso à "pura Consciência que se faz carne".

O "Eu Sou" que se faz o "ego" para que o "ego" se torne o "Eu Sou".

É essa segunda via que o cristianismo – e, aliás, as outras tradições místicas – tenta analisar em profundidade.

Essa segunda via deveria assumir a lucidez da primeira; ou seja, cessar de identificar o "Eu Sou" com "o que eu sou" – ou de identificar o Ser com "o que é" o Real com "as realidades" que o manifestam... sem que sejam rejeitadas ou menosprezadas tais "realidades relativas"; mas, pelo contrário, contemplar aí a "Presença real" do "Ser que É e que faz ser tudo o que é"...

Tal abordagem filosófica sucinta pode introduzir-nos em uma abordagem mais teológica em que a pergunta – "quem é o Eu Sou?" – é formulada às "Escrituras" consideradas como sagradas ou inspiradas...

Capítulo III

Abordagens teológicas

Em nossa tradução do Evangelho de João[4], acabamos anotando o grande número de *Ego Eimi* que o "teólogo" coloca na boca de Ieschua.

Essa expressão é, em geral, traduzida por "Eu Sou" ["Je Suis"] ou "sou eu" ["c'est moi"]. Algumas vezes, é seguida por um qualificativo (Eu sou a Verdade, a Luz, o Pão etc.). Outras vezes, apresenta o caráter abrupto ou ambíguo de uma afirmação que fornece uma importância inaudita à própria presença de Ieschua: "Antes que Abraão existisse: EU SOU" (Jo 8,58).

Um grande número de autores antigos e modernos reconhecem nela o próprio Nome de Deus, revelado a Moisés na sarça ardente, o que explicaria tanto a cólera dos *iehudim* e a acusação de blasfemo que eles

---

4 LELOUP, J.-Y. *L'Évangile de Jean*. Trad. e comentário. Paris: Albin Michel, 1989 [ed. bras. *Evangelho de João*. Trad. de G.J.F. Teixeira. 4. ed. 3. reimp. Petrópolis: Vozes, 2021, 301 p.; aqui, p. 269-295.

lançam contra Ieschua ao ouvirem sua boca proferir esse "Eu Sou", quanto o pavor experimentado pelos guardas no momento de sua prisão:

> Quando Ieschua lhes disse, "Sou Eu", eles recuaram e caíram por terra (Jo 18,6).

Assim, São João atribui ao Nome um poder que não se exerce somente sobre os crentes; com efeito, os soldados romanos não dispunham de nenhum conhecimento da exegese erudita a respeito do tetragrama sagrado.

Depois de ter chamado a atenção para algumas interpretações desse tetragrama, convém, portanto, saber em que contextos Ieschua "se apropria", assim, do Nome divino, e como esse "Eu Sou" parece estruturar e desenhar a "mandala"* do Evangelho de São João. Em seguida, estaremos em condições de questionar-nos a respeito do caráter particular da revelação contida na expressão "Eu Sou" utilizada pelo Cristo, colocando-a em ressonância – e não tanto em comparação – com os "Eu Sou" absolutos de santos e de sábios que pertencem a outras tradições.

---

* Em sânscrito, significa "círculo": símbolo espiritual e ritual para facilitar a meditação no hinduísmo e no budismo [N.T.].

A – O nome do ser ou o ser cujo nome é "Eu Sou"

Para um semita, o nome é a essência de um ser; é a sua própria presença.

Assim, o Nome de Deus é temível por ser a manifestação do próprio Deus.

Na época da redação dos Evangelhos, o Nome estava rodeado por um respeito tão grande que só podia ser pronunciado em casos bem particulares: pelo sumo sacerdote, no templo, no dia das Expiações[5].

O desejo de conhecer o Nome de Deus é, todavia, legítimo; esse foi o caso de Moisés e de seu povo. O problema começa quando se trata de traduzir ou de interpretar esse Nome, origem de inumeráveis especulações. É o mesmo que se dissesse imediatamente que ele é intraduzível:

> Moisés disse a Deus: "Mas, se eu for aos israelitas e lhes disser: 'O Deus de vossos pais enviou-me a vós!' E eles me perguntarem: 'Qual é o seu nome?', o que devo responder?" Então, Deus disse a Moisés: *Ehyeh * asher Ehyeh* [Eu Sou Aquele que Sou]. E acrescentou: "Assim,

---

5 Cf. *Mishná*: Yoma [trata das leis de Yom Kipur, o Dia do Perdão] 3,8. • Tamid [define o procedimento do sacrifício diário] 7,2. • JAUBERT, A. *Approches de l'Évangile de Jean*. Paris: Du Seuil, 1976, p. 162.

* *Yahweh*. Cf. Ex 3,13-14 [N.T.].

responderás aos israelitas: *Ehyeh* [Eu Sou] envia-me a vós" (Ex 3,13-14).

Em *Ehyeh*, reencontramos a raiz do verbo "ser" (*hyh*). Em hebraico, esse verbo significa "uma existência, uma presença ativa", daí a tradução mais corrente: "Eu Sou". A Bíblia grega dos Setenta irá traduzir – *Ehyeh asher Ehyeh* – por *Ego eimi ho on*; e a Vulgata por *Ego sum qui sum*. Daí, as traduções para o francês [e igualmente para o português] que se inspiram nesta: "Je Suis Celui qui Est" [Eu Sou Aquele que É] – "Je Suis Celui qui Suis" [Eu Sou Aquele que Sou] – "Je Suis qui Je Suis" [Eu Sou quem Eu Sou].

O livro do Apocalipse propõe uma versão desenvolvida desse mesmo Nome: "*Ho ôn kai ho ên kai o erkhomenos*" – Aquele que É e que Era e que está Por Vir, lembrando deste modo que o "Eu Sou" divino abarca todos os tempos[6].

Alguns autores interpretam o "Eu Sou quem Eu Sou" como uma recusa por parte de Deus em dizer seu Nome.

---

6 Daí o nome de "Eterno". que lhe é atribuído por Calvino (1509-1564) e por algumas tradições protestantes. Cf. CALVIN, J. *L'Institution de la religion chrétienne*, I, XIII, 23 [ed. bras. CALVINO, J. *A instituição da religião cristã*. São Paulo: Unesp, Tomo 1, livros I e II, 2008 [Trad. de C.E. Oliveira]; Tomo 2, livros III e IV, 2009 [Trad. de O.J. Moraes Jr. e E.C. Sartorelli]. São Paulo: Unesp] [traduzida diretamente do latim (*Christianæ religionis institutio*, 1536), esta edição baseia-se na versão definitiva de 1559].

Verás perfeitamente Quem eu sou. Anda em minha Presença e descobrirás meu Ser [...][7].

O monge trapista, Thomas Merton (1915-1968), chega ao ponto de propor a seguinte tradução – "Eu sou Aquele que não existe" – a fim de lembrar que Deus não é um "existente" como os outros; caso contrário, ele seria mortal à semelhança de tudo o que existe. "Eu não existo, EU SOU".

Assim, esse autor identifica-se com uma das tendências da exegese contemporânea que faz questão de mostrar que o significado do verbo hebraico *hayah* não corresponde àquele de seu homólogo indo-europeu: a raiz "es-" refere-se (cf. Benveniste*) ao que é "autêntico, consistente, verdadeiro", ao que é imutável; em compensação, o verbo hebraico significa, de preferência, um devir, "uma existência que se manifesta mediante uma atividade".

"Eu Sou quem eu serei", "Eu Sou o que farei contigo". Para E. Jacob[8], YHWH é Aquele que É, mas em um sentido relacional e não metafísico. "Deus é Aque-

---

7 Cf. DUBARLE, A.-M. La signification du nom de Iahweh. *Revue des Sciences Philosophiques et Théologiques*, v. 35, n. 1, p. 3-21, jan./1951.

* Émile Benveniste (1902-1976), linguista francês, é autor de importantes estudos sobre as línguas indo-europeias, assim como sobre linguística geral [N.T.].

8 JACOB, E. *Théologie de l'Ancien Testament*. Paris-Neuchâtel: Delachaux Niestlé, 1957, p. 38-43 [Col. Manuels et Précis de Théologie].

le que está 'com' alguém"[9]. Identifica-se assim com a interpretação do *Talmude* e do *Midrash*: "Eu sou/ estou (*Ehyeh*) 'com' eles nesta situação difícil", e sou/ estou "com" eles em outras tribulações[10].

Moisés afirma diante dele: "Senhor do mundo, em cada instante, basta sua dificuldade!" Deus responde--lhe: "Disseste bem" = Assim, falarás aos israelitas: *Ehyeh* envia-me a vós... É assim que Rashi resume o ensino dos Antigos. Ao fazer tal afirmação, os Antigos pretendiam insinuar que, por essa pergunta – "se eles me perguntarem: qual é seu Nome?" –, Moisés tentou fazer com que Deus lhes transmitisse o Nome que fornece um ensino completo a respeito da existência e da providência.

O Santo – Bendito Seja – respondeu-lhes: Por que perguntam por meu Nome? Eles não tem necessidade de outra prova a não ser que Eu Sou/Estou com eles em todas as suas tribulações. "Que eles me invoquem, e eu hei de atendê-los"[11].

---

9 *Ibid.*

10 Cf. o comentário da *Torá* e do *Talmude* por Rabenu Shlomo ben Yitzhak (de Troyes, 1040-1105) – mais conhecido pelo seu acrônimo, Rashi –, que é, para os judeus, o mestre dos mestres e o erudito bíblico mais brilhante de todos os tempos. • Disponível em: http://www.morasha.com.br/profetas-e-sabios/rashi-o-mestre-dos-mestres.html [N.T.].

11 Cf. SED, N. L'interprétation kabbalistique d'Ex 3,14 selon les documents du XIIIe siècle. *In*: LIBERA, A.; ZUM BRUNN, E. *Celui qui est – Interprétations juives et chrétiennes d'Exode 3,14*

Convirá relembrar que um dos nomes de Ieschua adotado pela tradição cristã é "Emanuel", literalmente: "Deus conosco"?

Outro aspecto que será incorporado por Jesus – e está igualmente contido no mistério do nome – é a misericórdia:

> Fica sabendo que a ação do Nome supremo, que é EHYEH, é a ação da Misericórdia perfeita. É o Nome que faz bem e fornece o dom gratuito. Ele exerce a Misericórdia pelo fato de não estar do lado do julgamento, mas do lado da Misericórdia perfeita. Como é afirmado:

> "Farei passar diante de ti toda a minha bondade e proclamarei o Nome de YHWH, na tua presença, pois favoreço a quem quero favorecer e uso de misericórdia com quem quero usar de misericórdia" (Ex 33,19); tudo isso de acordo com a vontade que nenhum ser criado poderá conhecer. Graças à medida sefirótica do nome *Ehyeh* que é inteiramente Misericórdia, os israelitas saíram do Egito[12].

"Deus junto de", "Misericórdia": o cristianismo antigo retomará esses temas, indicando com precisão que o Nome divino nos diz que "Deus É", mas

---

[Centre d'Études des Religions du Livre]. Paris: Cerf, 1986, 316 p. [Col. Patrimoines].

12 GIKATILLA, J. *Les Portes de la lumière* [Sha'arei Orah]. 2 vol. Jérusalém: J. Ben Shelomoh, 1970, cap. X [3. ed., 1989]. • Joseph ben Abraham Gikatilla (1248-1305), de origem castelhana, é considerado o maior cabalista espanhol [N.T.].

sem nos afirmar "o que ele é". Ele permanece em seu "EU", "para além de tudo" (Gregório de Nazianzo, 329-389); para além, inclusive, do Ser (Pseudo-Dionísio, séc. I). No entanto, "SER" é o nome que mais lhe convém. Para Mestre Eckhart (1260-1328) e para outros autores da Idade Média: "Deus é o Ser, o Ser é Deus".

> O que está acima de qualquer nome não exclui nenhum nome; pelo contrário, inclui em uma indistinção de igualdade [*æqualiter indistincte*] todo o tipo de nomes. Nenhum deles, portanto, é próprio de Deus, exceto Aquele que está acima de todo nome, por causa de sua imanência comum a todos os nomes. Ora, o Ser é comum à universalidade, tanto dos nomes, quanto dos Seres. "Ser" é, portanto, o Nome próprio exclusivo de Deus[13].

Deste modo, para Mestre Eckhart, a transcendência daquele que É manifesta-se, por assim dizer, em sua presença a tudo o que é. Daí, ele há de tirar uma conclusão importante para a experiência mística: pelo

---

13 Mestre Eckhart, *apud* BRETON, S. Le rapport: être-Dieu chez Maître Eckhart, p. 43-58. *In*: BOURG, D. (dir.). *L'être et Dieu – Travaux du Cerit [Centre d'Études et de Recherches Interdisciplinaires en Théologie, Strasbourg]*. Préface d'Henri-Bernard Vergote. Paris, Cerf, 1986, 252 p.; aqui, p. 52. [Col. Cogitatio Fidei, n. 138].

simples fato de ser, nós "estamos em Deus". Ele irá ainda mais longe, dizendo: "Nós somos Deus"[14].

> O que é Deus? Aquele sem o qual nada é. É tão impossível que qualquer coisa exista sem ele, quanto ele sem ele próprio. Ele é o Ser de si mesmo e de todas as coisas e, assim, de alguma forma, ele é o único que É, que é o seu próprio Ser e o Ser de todas as coisas[15].

Eckhart retoma aqui as passagens agostinianas do *De Consideratione* de São Bernardo. Ele cita também a Bíblia: "Se não é ele, quem é então?" (Jó 9,24)

Será que, nesse caso, podemos pensar no Cristo ou em Hallaj que, no momento do respectivo desaparecimento supremo, deixam aflorar em seus lábios de homem o "Eu Sou" daquele que é o único que É"?

---

14 "É nele que vivemos, nos movemos e existimos [...]" (At 17,28).

15 *Apud* LIBERA, A. L'être et le bien: Exode 3,14 dans la théologie rhenane, p. 127-162. *In*: LIBERA, A.; ZUM BRUNN, E. (eds.). *Celui qui est – Interprétations juives et chrétiennes d'Exode 3,14 (Centre d'Études des Religions du Livre)*. Paris: Cerf, 1986, 1986, 316 p.; aqui, p. 159 [Col. Patrimoines].

B – A apropriação do nome
divino por Ieschua de Nazaré

A antiga tradição do cristianismo considera a encarnação do Cristo como a revelação e a manifestação do Nome de Deus. A humanidade de Ieschua é a nova "sarça ardente" na qual queima – sem consumi-lo – o Esplendor da Divindade:

> Quando é que Moisés adquiriu conhecimento dos mandamentos divinos? Certamente, quando o Senhor lhe aparece.
> De que forma ele se manifestou a Moisés? Sob a forma de uma chama de fogo no meio de uma sarça ardente.
> Então, Moisés faz a seguinte pergunta: "Quem és tu, Senhor?"
> O Senhor respondeu-lhe: "Eu sou aquele que sou", comunicando-lhe uma dupla tocha: a Luz do Ser eterno (*lumen essentiæ æternitatis*) e a Luz da Verdade eterna (*lumen æternæ veritatis*). "A sarça estava em chamas sem ser consumida": eis o que nos indica o Mistério da Encarnação[16].

---

16 BONAVENTURÆ, S. (Doctores Seraphici). Collationes in decem præceptis (p. 505-532), v. 2, n. 12 do Tomus V: Opuscula varia theologica, 1891, LXIV-608 p. *In*: *Opera Omnia*, edita, studio et cura PP. Collegi a S. Bonaventura, ad plurimos codices mss. emendata, anecdotis auta prolegomenis scollis notisque illustrata. 10 vol., in-folio. Ad Claras Aquas (Quaracchi), 1882-1902; aqui, p. 512.

Em suas *Collationes in Hexaëmeron*, São Boaventura explica ainda, na esteira de Gregório de Nissa, sua maneira de entender o símbolo da sarça ardente:

> O arbusto espinhoso significa o corpo passível do Cristo; a chama, sua alma; a luz associada à sarça, a divindade conectada, unida ao corpo por meio da alma. "Irei, portanto, ver" com Moisés esta grande Revelação; ou seja, de que modo Deus é homem[17].

Nos Evangelhos, o lugar privilegiado em que Deus se manifesta no homem Ieschua é o relato da Transfiguração.

Em sua sarça de humanidade, Ieschua manifesta a luz da divindade, o corpo do Cristo torna-se transparente à presença do Ser que o habita.

Moisés e Elias testemunham: foi efetivamente Ele que os dois contemplaram na "sarça" ou na "brisa suave e amena" (1Rs 19,12).

O Evangelho de São João não apresenta esse relato da transfiguração; é, de preferência, no ensinamento

---

17 *Collationes in Hexaëmeron* (p. 327-454) do Tomus V; aqui, v. 3, n. 13 (II, p. 345). • Cf. referência completa na nota 16. – GRÉGOIRE DE NYSE. *La Vie de Moïse ou Traité de la perfection en matière de vertu* [1942]. Intr. e trad. de J. Daniélou. Paris: Cerf, 1955; aqui, p. 370 [Col. Sources Chrétiennes, n. 1] [Série inacabada de palestras teológicas ministradas por São Boaventura, em Paris, entre a Páscoa e o Pentecostes de 1273]. – ALVES COELHO, B. *O Hexaëmeron de Santo Ambrósio (séc. IV) e o Hexaëmeron de São Boaventura (séc. XIII): uma comparação necessária*, 2019. Disponível em: http://hdl. handle.net/10459.1/71340 [N.T.].

de Ieschua, em sua palavra, que irá surgir a presença do "Eu Sou" que o habita.

Diríamos, inclusive, que todo o seu evangelho se constrói em torno da revelação desse Nome.

Com efeito, ao proceder à coleta de todos os *Ego Eimi* do Evangelho de João, fica-se com a impressão de que surge uma verdadeira mandala, a qual poderia ser o suporte para uma autêntica meditação, simultaneamente, ontológica e cristocêntrica.

Esta Mandala é do tipo "solar" (cf. figura p. 52):

• O centro ou o primeiro círculo simboliza a essência do Ser: o centro inacessível do sol.

Em São João, esse centro é o tetragrama sagrado: "o Nome Santo", o enorme "Eu Sou", *Ego Eimi*, mistério de seu Ser.

• O segundo círculo simboliza a Energia ou a irradiação da essência: os raios do sol.

Em São João, esse segundo círculo é designado por ele como o "Reino"; isto é, a Vida na irradiação, a Energia daquele que É, manifestadas em Ieschua de Nazaré.

Cada raio é uma qualidade ou um qualificativo de seu Ser:

• O terceiro círculo – o mais distante do centro – simboliza a ausência de luz, a sombra, no qual não penetra a irradiação do sol.

Em São João, esse terceiro círculo é o que ele designa como "o mundo", aquele mundo que não recebe ou recusa a presença de Deus nele.

No Evangelho, o "mundo" é constituído por aqueles que rejeitam o ensinamento de Ieschua e a iluminação de seu sopro de vida (*pneuma*).

O teólogo Gregório Palamas (1296-1359), monge do Monte Athos, e a tradição do cristianismo ortodoxo hão de observar que a essência de Deus – à semelhança do centro do sol – permanece invisível, inacessível, incompreensível.

Deus torna-se conhecido apenas em suas energias, na irradiação e no dom de seu Ser, que são o *pneuma* (o Espírito Santo) e o *Logos* (o Cristo).

No entanto, os raios do sol são efetivamente o sol, o que permitirá aos Padres da Igreja* afirmar o realismo da divinização (pelo Filho, no Espírito) e, ao mesmo tempo, salvaguardar a transcendência de Deus.

Esse tema já está presente no Evangelho, quando Ieschua proclama: "O Pai e eu somos Um" (Jo 10,30). O sol e seus raios são Um.

E, ao mesmo tempo: "Ninguém viu o Pai" (Jo 6,46); "O Pai é maior do que eu" (Jo 14,28). A essência do sol é inacessível – é impossível ver Deus sem morrer.

"Ego Eimi" *no Evangelho de João*

Essa mandala nos propõe um itinerário interior a partir das circunstâncias em que nos encontramos – ou seja, do "mundo" –, o qual pode ter, para cada ser humano, uma tonalidade diferente.

Trata-se do mundo da ausência.

Ausência de amor, de luz, de paz... sensação de estar em um impasse, diante de um muro, com uma fome insaciável no coração ou uma impressão de secura, de desolação (sarmentos secos).

---

* Influentes teólogos, em sua maior parte, importantes bispos de Igrejas cristãs, entre os séculos II e V, cujos trabalhos acadêmicos foram utilizados como precedentes doutrinários nos séculos subsequentes [N.T.].

Para alguns, é também a tomada de consciência de sua alienação, de sua dependência em relação ao passado, às pessoas que se encontram à sua volta, a sensação de ser mais ou menos o "escravo" de pulsões ou de paixões perversas etc.

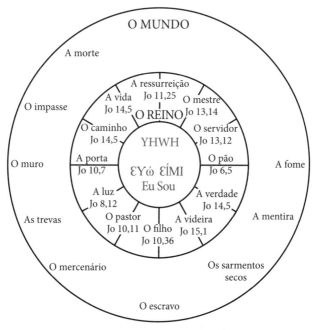

O estado de consciência simbolizado pelo "terceiro círculo" carece de felicidade. É aquele da ausência e da ignorância do Ser verdadeiro, mas também pode tornar-se o espaço favorável para formular esta pergunta: "Quem sou eu?" – qual é o meu verdadeiro "eu sou"? Ele encontra-se no início de nossa subida em direção ao "centro/coração", a menos que fiquemos confinados na recusa, no não desejo pela luz, e façamos com que essas trevas se tornem a nossa morada.

Para sair deste terceiro círculo, para evitar de permanecer no que São João designa como "o mundo" e conhecer algo do reino que é a participação na irradiação do Ser divino, podemos escolher um nome, uma qualidade do Ser, através dos quais o Ser parece afetar-nos de maneira mais particular.

Alguns serão mais sensíveis ao nome "Vida", enquanto outros preferem o nome "Luz' ou "Verdade"... como se o Ser único assumisse um nome particular para cada um, um modo de irradiação capaz de afetar-nos, instigando-nos a avançar.

Cada um dos *Ego Eimi* do Evangelho de São João são outros tantos temas de meditação, a partir dos quais Ieschua – em seu mistério – tenta juntar-se a nós, aí (no mundo) onde estamos, a fim de que, através desse nome, dessa qualidade, dessa energia particular, possamos ir ao seu encontro na origem, no centro/coração, aí onde ELE É/ESTÁ realmente: "Onde Eu Estiver, [quero que] estejais também vós" (Jo 14,3).

Será que, em uma leitura interiorizada, é possível proceder de modo que cada um desses "Eu Sou" do Cristo se torne um caminho em direção a nosso próprio "eu sou" essencial?

"Eu sou a Vida" (Jo 14,6)

Mais do que a vida, eu conheço a fadiga de viver: "De que serve cansar-se debaixo do sol?" Assim que nasce um ser humano, ele já tem idade suficiente para morrer. Não é a morte que dirá a última palavra em relação a meus esforços, a meus amores, a meus estudos?...

No entanto, em mim – ainda mais eu do que eu mesmo – uma voz me diz: "Eu sou a Vida". O sangue flui em minhas veias, o Sopro de vida está em minha respiração, a seiva dos universos não é desconhecida para mim.

Estou doente, cansado, sou um ser mortal e, apesar disso, "Eu Sou a Vida". A forma sob a qual existo poderá desaparecer, mas a própria Vida não há de continuar?

O que é que morre ao morrer um ser humano? Não é a Vida: "a vida continua", como se costuma dizer. Só pode morrer o que é mortal... Antes de tudo, ELE É a Vida, nele "eu sou" a Vida... Eu Sou.

"Eu sou a Porta" (Jo 10,7)

"Sentir-se encurralado", "encontrar-se em estado de desespero", "confinado entre quatro paredes" – são outras tantas expressões que traduzem uma experiência mais ou menos dolorosa em que, exteriormente, não se encontra uma saída.

Será que se deve fazer o inventário de todos esses muros encontrados, de todos esses ímpetos quebrados? O muro é o que nos impede de "ver", de conhecer, de avançar mais longe; ele pode ser construído em nosso corpo, colocando, um a um, os tijolos da esclerose ou da doença que nos imobilizou. Pode ser construído no coração e impedir todos os relacionamentos: "Entre nós, há um muro". Ele pode estar na mente, à semelhança de um "passo" que não se consegue dar, uma compreensão que, segundo parece, nos é recusada...

Não se deve fugir do muro: ao permanecer em frente a uma parede, durante muitos anos, é que Bodhidharma* experimentou a iluminação. Diante do muro, a única saída – passagem – possível encontra-se no interior.

Então, compreendo que "Eu sou a porta" – é em mim que deve ser feita a abertura em direção a um alhures. Não há outra saída além de mim próprio, e é em mim que se deve abrir a porta. A porta dos sentidos, a porta do coração, a porta da inteligência... mas não se deve forçar essa porta!

É conhecida a história do homem que envidou todos os seus esforços para abrir uma porta. Em vão. Exausto, ele desaba ao pé da porta e esta, então, começa a abrir-se... de dentro.

Eu sou a porta. Eu sou a chave.

Basta abrir, abrir-nos.

---

* Ou seja, "Aquele cuja Iluminação é Todo-penetrante". Tendo vivido no séc. V ou VI d.C., esse mestre indiano foi o primeiro patriarca do Zen chinês (Ch'an) [N.T.].

A experiência relatada pelo Apocalipse pode então ser a nossa: "Coloquei diante de ti uma porta aberta que ninguém pode fechar" (3,8).

No lugar em que eu enxergava uma parede, descubro o espaço; no lugar onde eu pensava que já não fosse possível entrar ou sair, eis que permaneço na plena abertura.

Há uma saída para o beco sem saída.

"Ele em mim, eu nele" – "Eu sou a porta" – "EU SOU".

"Eu sou a Luz" (Jo 8,12)

Nas horas mais sombrias da minha noite, pensar e dizer simplesmente – "Eu sou a luz" – é suscetível de estar na origem da estrela mais pura... aquela que há de pousar no meu estábulo, na minha estrebaria; mediante seu clarão, a imundície e os miasmas do meu ser hão de aparecer em uma claridade de aurora...

Existe em mim – "ainda mais eu do que eu mesmo" – uma luz que não pode ser afetada pelas trevas, um clarão de brasas que não pode ser coberto pelas cinzas, uma centelha de deidade que não pode ser esmagada pela força da gravidade de todos os universos...

Na hora da minha morte, eu gostaria de encontrar alguém que me dissesse: "Não tenhas medo, tu és a luz, a luz pura, clara, da qual nascem e para onde retornam todos os mundos".

Que essa fala possa encontrar em mim um eco que lhe responda: "Sim, eu estava aí antes de ter surgido o sol, a terra, o coração humano e as outras estrelas": "EU SOU A LUZ" – "EU SOU".

"Eu sou o Bom Pastor" (1) – (Jo 10,11)

Martin Heidegger fala do ser humano como o cuidador, o "pastor do Ser". Com efeito, a missão e o sentido do homem consistem em "cuidar do Ser".

O mercenário de que fala o Evangelho é um homem que, antes de tudo, procura controlar, dominar, domesticar a natureza, com a ajuda de suas máquinas e de seu pensamento tecnológico.

Ele está preocupado, não com as próprias ovelhas, mas com o que elas "produzem".

O verdadeiro pastor ou o bom pastor (*o poïmen o kalos*), por sua vez, preocupa-se com as ovelhas por si mesmas. Ele conhece cada uma pelo nome; ou seja, estabelece uma relação de intimadade com elas e não apenas uma relação de produto com o produtor.

O sentido do ser humano não está no que faz, produz ou transforma, mas no que ele É. Devemos nos tornar os "pastores do Ser", não seus patrões ou mercenários; isto é, devemos estar em condições de substituir o pensamento tecnológico, eficaz, pelo pensamento contemplativo que nos leva a entrar não só na utilidade do ser, mas também na gratuidade do Ser.

Há em nós, às vezes, horas de silêncio, um pensamento expandido à semelhança do verde dos prados, ou breve como o arbusto do cume da montanha, é o momento de dar pasto e descanso ao ser que está em nós ... deixando tocar uma estranha flauta:

"Eu sou O BOM PASTOR" – "EU SOU".

"Eu sou o Bom Pastor" (2) – (Jo 10,11)

O que Heidegger diz é que o ser humano não é apenas o "pastor do Ser", mas é também o pastor do Outro, e a pergunta formulada a Caim não é – "O que fizeste do Ser?" –, mas: "O que fizeste do teu irmão (Gn 4,10), o que fizeste do outro?"

Nesse sentido também, podemos ser bons, verdadeiros pastores ou então mercenários. É possível servir-se do outro, explorá-lo, utilizá-lo para seu prazer ou para seu poder, ou cuidar do outro, desejar sua paz e sua felicidade.

> *Eu vim para que [as ovelhas] tenham vida e a tenham em abundância* (Jo 10,10).

No momento em que o outro se desencaminha, seja ele meu amigo ou inimigo... no momento em que ele está ferido, quando seus passos ou sua mente vacilam, que eu possa escutar em mim uma voz "ainda mais eu do que eu mesmo": "Eu sou o Bom Pastor", o anjo, o guarda de meu irmão...

No momento de sua angústia e de sua tribulação, que eu possa permanecer à sua frente, não como a besta malvada que se alimenta com seus sofrimentos, mas como o pastor que tem nas mãos o gesto seguro que revigora e serve de consolo.

"EU SOU O BOM PASTOR" – "EU SOU".

"Eu sou o Filho" [de Deus] (Jo 10,36)

"Suspende teu movimento – por que motivo estás correndo? Neste instante, o Pai engendra em ti o seu Filho, o céu está em ti, por que o procura alhures?", perguntava Angelus Silesius (1624-1677) e, na esteira de Mestre Eckhart, ele lembrava que o objetivo da vida cristã consiste em permitir que Deus estabeleça em nós essa relação filial, incorporada e vivida plenamente em Ieschua de Nazaré: "O que importa para mim que o Cristo tenha nascido há 2 mil anos em Belém, se hoje ele não nasce em mim?"

São Paulo dirá igualmente: "E a prova de que sois filhos é que Deus enviou a nossos corações o Espírito (o *Pneuma*) de seu Filho que clama: *Abbá*, Pai! De maneira que já não és escravo, mas filho [...]" (Gl 4,6).

Ser filho é sentir-se vivo em uma relação de intimidade com a origem do Ser, certamente, uma relação ontológica, mas na qual o coração está presente, relação não só de causa a efeito, de criador a criatura, mas de pai a filho.

Eu estou no Pai – o Pai está em mim (Jo 10,38).

Será que é possível retomar, por nossa conta, essa fala do Filho? Saber que a nascente e o rio formam uma só coisa: o ser que está em mim é uma só coisa com o Ser que está em Deus.

O Pai e eu somos Um (Jn 10,30).

Dizer isso, afirmar – "Eu sou o Filho de Deus" – não será uma blasfêmia?

A tal pergunta, Ieschua já havia respondido: "Não está escrito em vossa lei: *'Eu disse: vós sois deuses'*"? (Jo 10,34).

A lei, portanto, chama "deuses" àqueles a quem se dirigia a palavra de Deus – e a Escritura não pode falhar (Jo 10,35) –

> *"como podeis dizer que blasfema aquele que o Pai santificou e enviou ao mundo só porque eu disse: 'Eu sou Filho de Deus'?"* (Jo 10,36)

A nossa verdadeira identidade não é apenas sermos filhos de nossos pais, filhos do século e do mundo em que vivemos, mas também sermos filhos do Vivo.

Eu não sou completamente determinado pela minha hereditariedade, pelo meu ambiente; não sou escravo de meus pensamentos, nem de meus desejos. Não sou apenas o filho do acaso e da necessidade, átomo entre os outros átomos. Eu sou "presença do Ser Infinito", "presença" da infinita liberdade no mundo.

Sou o filho de meu Pai, feito à imagem e à semelhança do Ser e do amor.

"EU SOU FILHO DE DEUS" – "EU SOU".

Haveria ainda um número muito maior de outros "Eu Sou" a serem meditados:

• **"Eu sou a videira"** (Jo 15,1) – Descobrir em mim próprio a minha ligação à vida, a unidade com os outros sarmentos, a comunhão na seiva.

• **"Eu sou o pão da vida"** (Jo 6,35) – Descobrir esse alimento misterioso, esse maná interior (maná, em hebraico, *man-u*, significava "o que é isso?"), esse "não-sei-o-quê", esse quase nada, que fornece resposta às nossas fomes tanto as mais grosseiras, quanto as mais sutis. Aprofundar aqueles momentos em que estou saciado como se tivesse feito a descoberta em mim da fruta-pão, à semelhança da samaritana havia feito a descoberta nela própria da "fonte-de-água-viva".

• **"Eu sou a Verdade"** (Jo 14,6) – Quaisquer que sejam meus erros, minha mentira, minhas ilusões, há dentro de mim a possibilidade de ser verdadeiro, de ser um com o que eu realmente sou. A Verdade é uma qualidade intrínseca do meu intelecto, é a sua adesão imperturbável ao que É.

Ser e conhecer, o conhecedor e o conhecido são "um": EU SOU A VERDADE.

• **"Eu sou o Caminho"** (Jo 14,6) – Não há outro caminho para avançar até o fundo de si mesmo, além de si mesmo. Para "chegar" a seu fruto, impõe-se aceitar sua árvore, reconhecer sua flor, enveredar pelo caminho de seiva e amadurecer dia após dia.

"Eu sou o Caminho" – Eu não sou a meta.

"Quem crê em mim, não crê em mim [mas naquele que me enviou]" (Jo 12,44), dizia Ieschua.

A meta: é o Outro. Esse outro, esse desconhecido que somos ou com quem somos "um", só pode ser encontrado no fundo de nós mesmos, no momento da plena realização de tudo o que somos porque o "Eu Sou" veio para completar e não abolir (cf. Mt 5,17).

No termo do "Eu Sou" da lagarta é que alça voo o "Eu Sou" da borboleta...

O ego é o caminho em direção ao Si-mesmo, à semelhança da lagarta que é o caminho para chegar à borboleta.

O termo do caminho é o começo de outro caminho...

O importante consiste em avançar – dia após dia – às vezes, rastejando com a impaciência própria de quem tem o "desejo ardente de bater as asas" até alcançar aquele "instante" em que meu "eu sou mortal" acabará despertando para o enorme "Eu Sou" do Eterno...

Tal meditação interiorizada sobre os diferentes *Ego Eimi* do Evangelho de São João não deve levar-nos a esquecer a dimensão histórica em que eles se encarnaram, nem o caráter trágico dos acontecimentos suscitados por eles.

Com efeito, sempre que Ieschua pronuncia, com sua boca de homem, o Nome divino, ele é acusado de blasfêmia, além de sofrer ameaças de morte.

Mas importa confessar que, às vezes, Ieschua assume uma atitude de provocação:

> *"Eu vou embora,*
> *e vós me procurareis,*
> *mas havereis de morrer no vosso pecado.*
> *Para onde eu vou,*
> *vós não podeis ir".*
> *Então os iehudim [judeus] começaram a se perguntar:*
> *"Será que ele vai matar-se? Pois ele diz:*
> *para onde eu vou, não podeis ir".*
> *Jesus lhes disse:*
> *"Vós sois cá de baixo,*
> *eu sou lá de cima.*
> *Vós sois deste mundo,*
> *e eu não sou deste mundo.*
> *É por isso que eu vos disse:*
> *morrereis no vosso pecado.*
> *Pois se não crerdes que 'EU SOU',*
> *morrereis no vosso pecado"* (Jo 8,21-24).

Para nós também, hoje, não acreditar, não dar nossa adesão a esse Eu Sou "lá de cima", a esse EU SOU essencial que não pertence ao espaço-tempo, é condenar-nos a viver na superfície, longe do nosso verdadeiro ser (*hamartia*).

Ieschua, através de seu ensinamento, vem livrar-nos desse infortúnio. Ele dar-nos-á sua vida por isso mesmo. "Quando ele for levantado da terra", veremos QUEM ELE É.

> *Quando tiverdes levantado o Filho do Homem, então sabereis que Eu Sou [...] (Jo 8,28).*

Eis o que pode parecer paradoxal: Ieschua diz-nos que veremos "o que ele É, QUEM ELE É" no exato momento em que justamente ele deixará de ser, como se fosse em sua morte que estivesse a revelação de seu Ser. Nesse instante, vemos efetivamente que ele está inteiro no Pai:

> *Eu nada posso fazer por mim mesmo (Jo 5,30).*

"EU SOU" é um Outro. Para nós mesmos, é importante também não fazer do nosso "eu sou" um "ego em estado de inflação" porque esse "Eu Sou" é um OUTRO, uma Outra Consciência, uma Outra Vida. O "pequeno ego" deve ser relativizado, crucificado, para que se manifeste o Verdadeiro "Eu Sou" – "mais forte que a morte".

É esse "SOU EU" que atinge, com forte ímpeto, os guardas ao virem prender Ieschua no Jardim das Oliveiras. As traduções francesas nem sempre traduzem esse *Ego Eimi* o que torna difícil entender o motivo pelo qual os soldados caem para trás:

> *Ciente de tudo o que lhe ia acontecer, Ieschua foi ao encontro deles e perguntou:*

"A quem procurais?"
Eles responderam: "A Ieschua de Nazaré".
Ieschua disse:
– EGO EIMI – SOU EU – [...]
Quando Ieschua lhes disse:
"Ego Eimi – SOU EU",
eles recuaram e caíram por terra (Jo 18,4-6).

É esse *Ego Eimi* que há de imprimir à Paixão, segundo São João, o seu carácter sereno e régio.

> *Ninguém me tira a vida, sou eu mesmo que a dou* (Jo 10,18).

Ele está plenamente consciente do que está acontecendo.

> *Será que não devo beber o cálice que o Pai me deu?* (Jo 18,11).

Eis o que afirma Santo Tomás de Aquino:

> *Cristo toma a cruz à semelhança do rei ao tomar seu cetro, no seio da glória que é seu poder universal sobre todas as coisas. [...] Ele vai carregá-la como o vencedor ostenta o troféu de sua vitória*[*].

A atitude régia do Cristo no Evangelho de São João não remove o realismo de seu sofrimento e de sua morte, chamando nossa atenção para o fato de que a cruz – através da aceitação de Ieschua – é a revelação do Ser de Deus. O "Eu Sou" de Ieschua revela-se na

---

[*] THOMAS D'AQUIN. *Commentaire sur l'Évangile de saint Jean* – T. 2, 2414. Paris: Du Cerf, 2006, p. 382-383 [N.T.].

cruz como se fosse o EU SOU de um Ser que É amor, além de "um Amor que é mais forte que a morte".

Em São João, paixão e ressurreição não estão separadas: elas são o sinal do duplo pertencimento de Ieschua – ao tempo e à eternidade.

Alguns exegetas formularam-se a seguinte pergunta: será que o homem Ieschua sabia que era Deus?

A frequência dos *Ego Eimi* que São João coloca na boca de Ieschua parece mostrar que ele estava plenamente consciente disso. Se ele não tivesse tido essa consciência assertiva e provocante do EU SOU – YHWH, ele não seria Deus e não teria morrido como um blasfemador.

A esse propósito, o momento mais significativo continua sendo o famoso trecho em que ele declara "ter existido antes de Abraão", proclamando com ênfase impressionante o Nome divino:

> *"Na verdade, eu vos digo:*
> *antes que Abraão existisse,*
> *EU SOU."*
> *Então, os judeus apanharam pedras para apedrejá-lo [...]* (Jo 8,58-59)

C – Ressonâncias do "Eu Sou" em diversas tradições

Se São João insiste sobre esses diferentes *Ego Eimi* que, aparentemente, servem de estrutura a seu Evangelho, não é apenas para nos mostrar a divindade do Cristo, mas também para nos indicar a profundidade do ser humano, aquela de que este é "capaz", e a que tipo de vida ele próprio é chamado.

"Antes que Abraão existisse, EU SOU" – Qualquer homem pode fazer tal afirmação ao integrar o seu ser de eternidade, o seu ser "já ressuscitado". Com efeito, os Padres da Igreja haviam declarado: "Se eu não conheço a Vida eterna, já nesta vida, não conseguirei conhecê-la na outra [...]".

Se eu não despertar, hoje, para o meu "Eu Sou" essencial e transcendente, não haverei de conhecê-lo mais tarde.

Questionar os "Eu Sou" do Cristo – a consciência que Ele mesmo tem de ser Um com "Aquele que É" – é questionar a consciência do ser humano.

Podemos então perguntar-nos se essa experiência do "Eu Sou" é específica do Cristo e dos cristãos, ou será uma realidade universal cujos ecos podem ser encontrados em outras tradições?

Não se pretende fazer, aqui, o inventário de todos os santos e sábios que – nas mais importantes tradições espirituais da humanidade – dão testemunho da experiência de um puro "EU SOU", aliás, afirmação paradoxal que, às vezes, há de custar-lhes a vida, do mesmo modo que ela havia provocado a morte do Cristo.

Vamos citar apenas três exemplos: o de Hallaj, na tradição do islã; e os de Shankara e Nisagardatta na tradição hinduísta.

Em relação a Hallaj, místico muçulmano, condenado à morte em 992 por ter proclamado "Eu Sou", convém mencionar Louis Massignon:

> Hallaj, segundo parece, tomou consciência bastante cedo (antes de sua viagem para Khurasan) do derradeiro objetivo da via mística. Sua lucidez na análise e sua firmeza na decisão acabariam por levá-lo a formular, no momento oportuno, a permuta mística das vontades mediante uma constatação decisiva e pessoal, sem ambiguidade nem desculpas. E esta foi a expressão: "Eu sou a Verdade" – *Anâ'l-Haqq*; isto é, o "meu eu é Deus". Para toda a tradição muçulmana subsequente, essa expressão caracteriza Hallaj; é o sinal de sua vocação espiritual, o motivo de sua condenação, a glória de seu martírio[18].

---

18 MASSIGNON, L. *La passion de Husayn Ibn Mansur Hallaj: martyr mystique de l'Islam executé à Bagdad, le 26 mars 922.* 4 vol. [T. 1: La vie de Hallaj; T. 2: La Survie de Hallaj; T. 3: La doctrine de Hallaj; T. 4: Bibliographie, index). Paris: Gallimard, 1975, 1.982 p. A tese havia sido publicada, em dois volumes, pela editora Geuthner de Paris, em 1922; aqui, T. 1, p. 168. •

De acordo com Rumi, Hallaj – ao afirmar "eu sou a Verdade" – não é um blasfemo, nem um monstro de orgulho, como pensavam seus acusadores, mas está no auge da humildade e do *fana* (aniquilação) porque nele deixou de existir o "eu sou" humano, e é a própria Verdade que fala por sua boca; o espaço existente nele destina-se unicamente ao "Eu-Sou-de-Deus".

Por sua vez, o sufi, poeta e filósofo persa, al-Baqli al-Fasawi (1128-1209) acrescenta o seguinte:

> Ele acreditava que o sábio – em face de Deus – encontra-se em uma situação semelhante à do raio em face do sol, do qual ele sai e para o qual retorna, e do qual extrai sua claridade.

Na tradição hinduísta, as referências à experiência do puro "Eu Sou" são mais frequentes. Ela pode ser, inclusive, pesquisada sistematicamente, por exemplo, com a ajuda do mantra *Ko-ham* – quem sou eu? – preconizada pelo mestre de Advaita Vedanta, uma das três escolas do pensamento monista hindu, Ramana Maharshi (1879-1950); aliás, essa pergunta deveria levar-nos, de uma desidentificação a outra, até chegarmos à apreensão do "Eu Sou" essencial.

TEIXEIRA, F.L.C. *Louis Massignon: a hospitalidade dialogal*, 25/05/2010. Disponível em: http://fteixeira-dialogos.blogspot.com/2010/05/louis-massignon-hospitalidade-dialogal.html#_ftnref7 [N.T.].

Não é que Maharshi chegou também a afirmar:

> Todo o Vedanta está contido em dois trechos da Bíblia: "Eu sou aquele que sou" (Ex. 3,14) e "Rendei-vos e reconhecei que eu Sou [Deus]" (Sl 46,11)?[19]

No entanto, o texto mais importante que deve ser citado pelo fato de sintetizar perfeitamente essa tradição do Vedanta é o de Shankara (c.788-820) – mestre espiritual indiano e principal formulador dessa doutrina –, o Nirvanashatkari:

> Sivoham – Eu sou Siva (Eu sou Deus – Eu Sou) – Eu não sou o espírito, nem o intelecto, nem o pensamento, tampouco o sentido do ego.
> Não sou a audição, nem o paladar, nem o olfato, nem a visão,
> Não sou o espaço, nem a terra, nem o fogo, nem o ar,
> Eu sou pura Inteligência e pura Bem-aventurança,
> Eu sou Siva, eu Sou.
>
> Eu não sou o sopro vital, nem os cinco ventos (*panca vayuh*);
> Não sou os sete componentes do corpo, nem as cinco bainhas,
> Não sou os cinco órgãos da ação,
> Eu sou pura Inteligência e pura Bem-aventurança,

---

19 *L'enseignement de Ramana Maharshi*. Trad. de E. Braitenberg. Paris: Albin Michel, 2005, 1.008 p.; aqui, p. 119 [Orig. em tâmil: *Nan-Yar*] [ed. em inglês: *Who Am I? – The Teachings of Bhagavan Sri Ramana Maharshi*] [ed. bras.: *Quem Sou Eu? – Os ensinamentos de Bhagavan Sri Ramana Maharshi*. Trad. de E. Meier. Sorocaba: Satsang, 2019].

Eu sou Siva, eu Sou.
Não tenho nenhuma antipatia, nem atração,
Nenhuma ganância, nem desorientação,
Não experimento orgulho, nem inveja,
Não tenho obrigações, nem interesses, nem desejos,
Tampouco almejo alguma liberação,
Eu sou pura Inteligência e pura Bem-aventurança,
Eu sou Siva, eu Sou.

Para mim, não existem boas ações,
Nem imundícies, nem prazer, nem sofrimento,
Não existem também os encantamentos rituais,
Nem os lugares santos, os Vedas, tampouco o ato sacrificial,
Eu não sou a fruição, nem o que pode ser desfrutado,
Nem igualmente o agente da fruição,
Eu sou pura Inteligência e pura Bem-aventurança,
Eu sou Siva, eu Sou.

Não conheço a morte, nem a dúvida,
Tampouco as distinções de casta,
Não tenho pai, nem mãe,
Eu nunca nasci,
Não tenho amigos, nem parentes,
tampouco mestre ou discípulos,
Eu sou pura Inteligência e pura Bem-aventurança,
Eu sou Siva, eu Sou.

Existo sem determinante, nem forma,
Não conheço emancipação, nem servidão,
Eu sou pura Inteligência e pura Bem-aventurança,
Eu sou Siva, eu Sou [...].

Ao lerem esse texto, os psiquiatras contemporâneos não têm nenhuma dificuldade em descobrir aí todos os sintomas de uma doença mental grave: alguém que se identifica com a pura inteligência e a pura bem-aventurança, que se confunde com Deus, só pode estar vivendo um delírio megalomaníaco. Não sentir nenhuma vontade, nenhum desejo, considerar o bem e a imundície como algo semelhante, não ter subjetivamente pai, nem mãe: não será que tudo isso corresponde à descrição da criança autista ou do esquizofrênico isolado do Real, confinados em seu mundo interior?

É verdade que esse texto pode ser perigoso se for lido com referência ao estado de consciência do homem "comum"; de fato, ele descreve um estado de consciência "não comum", "não normosado". No entanto, em vez de uma regressão no pré-pessoal – como seria levado a pensar um psicanalista freudiano –, trata-se de uma abertura para o transpessoal.

Algumas pesquisas da psicologia contemporânea são úteis, a esse respeito, para distinguir o que pode ser a experiência de um ego desestruturado ou o cântico do "Si-mesmo" realizado.

Se é o ego que se apodera das falas de Shankara para se apropriar delas, é certo que ele vai enlouquecer e ficar em um estado de "inflação" perigoso para ele próprio e para as pessoas ao seu redor. Mas se o ego se desvanece e deixa surgir nele as falas do "Si--mesmo", a Realidade do Ser infinito que o habita,

Sat-Chit-Ananda, neste caso, ele irá aproximar-se da realização do *Jnana-Yoga* (Ioga do Conhecimento).

Desidentificação não significa dissociação, a apreensão do Eterno não deve nos "separar" ou dissociar do espaço-tempo; pelo contrário, deverá contê-lo.

Essa experiência de Shankara e dos mais importantes rishis [videntes, em sânscrito] da Índia encontra-se, em nosso tempo, em Sri Nisargadatta, nascido em 1897, em Bombaim, e falecido em setembro de 1981, no velho prédio onde tinha vivido.

Ele ganhava a vida como fabricante e vendedor de cigarrinhos indianos. Aos 37 tornou-se discípulo de um mestre que o aconselhou a cuidar de uma só coisa:

> Tu não és o que julgas ser. Encontra o que tu és! Observa o significado do "Eu Sou", descobre o teu verdadeiro Si-mesmo.

"Fiz o que ele me disse para fazer. Durante todo o tempo disponível, dediquei-me a observar-me em silêncio. Isso trouxe uma mudança rápida e profunda em mim. Não levei mais do que três anos para perceber minha verdadeira natureza." Essa "verdadeira natureza" revela-se nele como a presença de um "Eu Sou" que não é o do "ego comum", mas aquele do próprio Ser que contém todas as coisas:

> Todo o universo (*mahgadakash*) existe apenas na consciência (*chidakash*), enquanto o "Eu Sou" está no Absoluto (*paramakash*). No Ser puro, a consciência desperta; na consciência, o mundo aparece e desaparece.

Tudo o que É, sou eu. Tudo o que É, é meu. Antes de qualquer começo, depois de cada fim, "Eu Sou". Tudo tem seu ser em mim, no "Eu Sou" que brilha em cada ser vivo. Até mesmo o não ser é impensável sem mim. Aconteça o que acontecer, devo estar aí para ser testemunha disso[20].

E quando lhe perguntavam como alcançar a realização desse "Eu Sou" – que é o nosso verdadeiro ser – ele respondia:

Agarre-se à sensação "Eu Sou", excluindo todo o resto. Quando o mental torna-se completamente silencioso, ele brilha com uma nova luz e vibra com novos conhecimentos. Isso ocorre de maneira totalmente espontânea, basta estar grudado ao "Eu Sou". É como sair do sono ou de um êxtase e sentir-se descansado, sem saber no entanto por que motivo e como acontece essa sensação de bem-estar. Da mesma forma, na realização, você sente-se completo, plenamente satisfeito, livre do complexo desejo-medo, além de ser sempre incapaz de explicar o que aconteceu, o motivo pelo qual e como isso teria acontecido. Você só pode expressar esse estado negativamente: nada está errado em si mesmo. É somente por comparação com o passado que você sabe que se libertou dessa situação. Dito por outras palavras, você é apenas você mesmo [21].

---

20 NISARGADATTA. *Je Suis*. Paris: Les Deux Océans, 1982, p. 29 [Orig.: *I Am That: Talks With Sri Nisargadatta Maharaj*, 1973] [ed. bras.: *Eu Sou Aquilo – Conversas com Sri Nisargadatta Maharaj*. Trad. de P.Q.C. Zimbres. Sorocaba: Satsang, 2016, 528 p.].

21 *Ibid.*, p. 351.

Será necessário dizer que essas experiências de Nisargadatta, de Shankara e de Hallaj, são semelhantes àquela manifestada no "Eu Sou" de Ieschua de Nazaré?

Em vez de comparar, trata-se de colocar em ressonância esses diferentes "Eu Sou".

Não há outra realidade, além da Realidade.

Se o "Eu Sou" amoroso do Cristo é real, a sua presença deve ser encontrada em todas as experiências autênticas: a luz, a verdade, o amor não são a "propriedade" de nenhuma tradição particular.

O Logos é a luz verdadeira que, vindo ao mundo, ilumina todas as pessoas (Jo 1,9),

diz o prólogo do Evangelho de São João. Ver essa luz brilhar nos mais diferentes rostos só pode regozijar-nos e convidar-nos – seja qual for o nosso caminho – a tornarmo-nos cada vez mais, todos os dias, o que somos, além de darmos testemunho, na forma que nos é peculiar, do "Eu Sou" essencial, comum a todos os seres vivos.

Aí onde "eu sou/estou", quero que estejais também vós (cf. Jo 14,3).

"Aí onde eu sou o que sou" (cf. 1Cor 15,10), no tempo e na eternidade, aderir e saborear a presença daquele que É.

D – Pensamentos em desordem – Textos curtos e exercícios em torno da pergunta: "Onde está o Eu Sou?"

• "Deus morreu", diz-se, mas como poderia morrer o que nunca chegou a nascer? O que nunca "existiu"?

É, de preferência, "a matéria" que morreu; com efeito, quanto mais a observamos, tanto mais ela desaparece... quanto mais ela se revela como energia, interconexões, movimentos, acontecimentos incessantes... e tudo isso não passa de "palavras", de "olhares" que tentam imobilizar ou fixar um fluxo que nenhum instrumento seria capaz de capturar.

Mais precisamente, a morte vai afetar nossas representações, nossas imagens... a respeito da matéria, do mundo, do ser humano, dos deuses.

A imagem que tenho de mim próprio pode muito bem morrer, assim como a consciência que tenho de mim mesmo – isso não impede "a Consciência" de ser o que ela é.

A matéria, o ego, o ídolo. Todas essas representações morreram (são mortais); Deus permanece...

Somente uma vida mortal pode morrer... a Vida continua.

A vida que "eu tenho": a consciência que tenho de "mim" é atingida pela morte.

Por sua vez, permanece a Vida que "eu sou"; a Consciência de que "eu sou"...

• Todas as manhãs, "eu" não renuncio a meus sonhos: limito-me a acordar, e isso é suficiente para me "livrar" do que, durante a noite, eu havia confundido com a realidade.

Por que essa vontade de renunciar à sua família ou ao mundo? Não renunciamos a nossos sonhos, limitamo-nos simplesmente a despertar e observamos o caráter impermanente, transitório de tudo o que existe – não há nenhuma rejeição, nem menosprezo, apenas observação. Por que essa vontade de "renunciar" seja lá ao que for? Não se renuncia a um filme – o filme chega ao fim e o espectador dá-se conta de que a tela esteve sempre vazia. Durante o filme, é possível que a pessoa tenha ficado afetada, comovida ou irritada, mas não se esquece de que estava no cinema e que chegou a hora de sair da sala...

Ninguém renuncia a seus sonhos, nem ao cinema: simplesmente a pessoa acorda, o filme chega ao fim... mas é possível estar apegado a seus sonhos. Então, a pessoa vai interpretá-los... não será uma forma de atrasar o momento do despertar? É possível estar apegado a seu filme; nesse caso, será relatado de novo ou reproduzido outra vez – nada sério, se a pessoa não esquecer que a tela esteve e estará sempre vazia.

Não há "renúncia a si próprio", deixa de existir identificação com a imagem que a pessoa tem de si, ela sai de seu sonho, deixa de ir atrás de ilusões, não há "eu", nem ego, para rejeitar ou menosprezar, trata-se apenas de se abrir para algo mais inteligente, mais amoroso, mais vivo do que si próprio...

O "ego" não renuncia a ser "o que ele é", mas acaba descobrindo o "Eu Sou".

• Todas as manhãs, antes do despertar da "consciência de si", a Consciência já está aí.

Todas as noites, ao adormecer a "consciência de si", a Consciência continua estando aí.

Todas as manhãs, observar "a Consciência que já está aí", não se apressar em torná-la uma "consciência de si" – permanecer nessa iluminação.

Todas as noites, observar a consciência de si que adormece, não se apegar à consciência de si que morre, abandonar-se na Consciência que continua estando aí...

Preparar-se para a morte (para a Vida): entrar já na luz clara, na pura Consciência...

A morte da "imagem do ego", a morte do "ego", não é a morte do "Eu Sou", mas antes o seu nascimento...

Nascimento eterno do Ser que continua existindo aí.

• Onde está o "Eu Sou"?

No meu corpo?

Sem dúvida, mas não durante muito tempo.

Em meus pensamentos?

Sem dúvida, mas não durante muito tempo.

No meu coração?

Sem dúvida, mas não durante muito tempo.

"Eu Sou" está no que mais escapa a meu controle:

• a Vida;

• a Consciência;

• o Amor…

No que não posso me apropriar mediante sua objetivação ou tornando-me seu proprietário...

O que considero como o ego – por conveniência, preguiça, hábito ou medo de não ser nada – é apenas um momento da Vida,

um pequeno abalo,

um momento da Consciência,

um pensamento vago, um lampejo, uma melhoria momentânea,

um momento do Amor,

uma felicidade, seja pequena ou grande...

• "Eu penso"

Mas não é o "Eu" quem pensa; isso pensa – há pensamentos... O que é que pensa?

Isso pensa mesmo quando "eu" não quero pensar; isso não pensa quando eu teria desejado realmente pensar. Quando deixa de haver pensamentos, onde está o pensador? Quando se interrompe a dança, quem cessa o movimento: a dança ou o dançarino?

"Eu amo"

Não é o "Eu" quem ama, mas "isso ama" em mim; às vezes, isso ama quando não penso amar ou quando não quero amar, e "isso" não ama quando eu teria desejado realmente amar, quem eu quero amar...

"Eu quero", "eu desejo", "eu vivo"

quem é que "quer"? Quem deseja?

> *"Eu" não faço o bem que quero e sim o mal que não quero* (Rm 7,19).

O que é que vive em mim?

Não sou "eu" quem vive: quando eu não queria nada, a vida me foi dada e quando "eu" teria desejado conservá-la, ela será tirada de mim...

O que é que "é" em mim?

"Eu é um Outro."

É através do acolhimento desse "Outro" que "Eu Sou".

Estas abordagens radicais não são as da transdisciplinaridade; aí resta pouco prazer para o topógrafo (a interpretação dos sonhos faz parte do sonho, a interpretação da realidade faz parte também do sonho... o Real é o que resiste a todas as interpretações).

Trata-se de "vias abruptas". No entanto, sejam elas abruptas ou progressivas, somos levados por essas diferentes vias à mesma evidência: "falta" o lugar onde o "Eu Sou" poderia estar e repousar-se... A menos que esse "não ser", essa "falta" seja o lugar de seu repouso.

Ou ainda, talvez, que esse "não ser", essa "falta" seja o lugar escolhido do Outro.

O "Eu Sou" não é o "ego", mas sim o "Outro"...

• Ao fazer uma tomografia computadorizada do meu cérebro, avaliando os níveis de meus neurotransmissores, estudando com muita precisão o funcionamento de minhas sinapses e cada átomo dessa complexa "massa cinzenta" dentro do meu crânio, será possível saber, sem dúvida, se estou pensando ou sonhando, mas nunca saber o conteúdo de meus pensamentos ou sonhos, nem o que tenho precisamente na minha cabeça, qual é esse "Eu" que tenho na minha cabeça, no cérebro e não só no cérebro, eis o que "eu" espero...

Para saber o que "eu" penso [o que o "eu" pensa] ou o que estou sonhando, será necessário perguntar--lhe, perguntar a esse "eu" que tenho na minha cabeça e, talvez, o "eu" acabe por falar.

Será que isso significa que o "eu sou" é algo diferente do que exprime o meu cérebro? Que ele existe independentemente de seu funcionamento? – Evidentemente que não – responderá o leitor. A alteração de alguns de seus funcionamentos ou lesões (estou pensando na doença de Alzheimer) faz-nos lembrar que o "meu cérebro" e o "ego" não somos dois e que a destruição de um acarreta a destruição do outro...

Tendo feito um eletroencefalograma que registrou uma "inatividade elétrica cerebral" (há uns quarenta anos em Istambul...), apesar disso, "eu" ainda estou aqui e minha pergunta é sempre a mesma: qual é esse "Eu" irredutível às palpitações de minha massa cinzenta e ao funcionamento de minhas sinapses? Esse "eu" que pensa com o cérebro e através dele?

O estado de meu cérebro condiciona evidentemente o que eu sou ou o que considero como o ego, mas será que existe apenas "Isso"?

Não haveria algo do *quid* (quem) no meu *quod* (o que)?

Quid não é *quod*...

Aquilo pelo qual (*quod*) tudo é conhecido (o cérebro) é objeto de conhecimento; por sua vez, aquilo por quem (*quid*) tudo é conhecido não é objeto de conhecimento.

• Observar os três C's:

A consciência – o cérebro – a coisa (ou o Corpo).

(O cérebro está no corpo – no entanto, parece levar-nos a comunicar com o que está dentro e fora do corpo. Não será essa a função atribuída em outras antropologias ao *noûs*: aquilo que abre a alma (*psyché*) para além dela mesma...)?

Esses três C's – consciência, cérebro, corpo –, em uma antropologia contemporânea, poderiam ser um eco de outra visão tripartite: "Eu Sou", "o ego", "imagem de mim".

Eu posso:

Confundir a "imagem de mim" com o "ego"; isto é, a objetivação, a memorização ou a projeção que faço de mim mesmo. (Eis o que levou à perda de Narciso: confundir um reflexo de si mesmo – no espelho do mundo ou da sociedade – com si mesmo, identificando "a imagem do ego" com o "ego".)

Ou:

Retornar o "ego" para o "Eu Sou": "Eu Sou", "o ego", "imagem de mim", consciência – cérebro – corpo.

O "Eu Sou", aliás, não será a libertação das imagens do ego ou o despertar para a consciência? (O que os antigos designavam como *metanoia*[*] ou *teshuvá*).

Estudamos, hoje, as relações entre o cérebro e a coisa, mas demasiado pouco as relações entre o cérebro e a consciência.

Cérebro → Coisa

Consciência ← Cérebro

o ego → imagem de mim

Eu Sou ← o ego

• O cérebro é o "olho do caranguejo" (dotado de uma visão multidirecional) ou "o olho do crânio", o órgão ou o instrumento através do qual a Consciência "vê" as coisas (conviria dizer, projeta – imagina – cria?).

---

[*] LELOUP, J.-Y. *Metanoia: uma revolução silenciosa*. Trad. de K.A. de Guise. Petrópolis: Vozes, 2022, 110 p. [N.T.].

Devemos, portanto, questionar "a coisa", a imagem que tenho de mim, que tenho do mundo... não é o Real, mas o Real percebido de acordo com as capacidades relativas de meus instrumentos de percepção; isto é, uma realidade relativa, um nível de realidade...

Conhecer ou descobrir, de maneira mais aprofundada, o instrumento que me faz ver "a coisa" – o corpo – o mundo...

O órgão da percepção que tenho de mim mesmo, seu funcionamento ou suas disfunções...

Questionar, então, o olho do crânio (o cérebro) sobre o que o faz funcionar, tornando-o capaz de pensamentos, de palavras ou de visões, de emoções etc. e suportar o seu silêncio.

Esse silêncio é Presença – Consciência – Eu Sou.

• O "Eu" não é apenas objeto de investigação empírica, um objeto é sempre algo exterior, mesmo que se encontre no interior da minha cabeça. O "Eu" não é um quê, mas um quem, é sujeito de investigação interior: a meditação, a contemplação tornam-se assim métodos científicos de investigação.

Qual é esse "eu" que fala de "seu" cérebro? Por que o cérebro não fala sozinho, a menos que seja questionado? (E se há cérebros que falam sozinhos, diz-se que eles "deliram".)

Estudar o cérebro de alguém não é saber o que ele pensa, mas saber o que é necessário ou o que funciona para que ele pense.

• Sentimos, habitualmente, nosso corpo como uma realidade objetiva na qual existimos; bastante distinto e separado da totalidade.

Meu corpo é "a coisa" em que "eu sou".

Nossos conhecimentos relativos à física quântica não nos ajudam, de modo algum, a modificar esse sentimento profundo e a considerar o corpo como uma "energia", em estreita inter-relação com tudo o que o rodeia, a Energia na qual o "Eu Sou" se manifesta...

Será que nossas leituras e práticas espirituais nos ajudam a aprofundar um sentimento que nos permitiria experimentar o corpo, não apenas como "a coisa", realidade objetiva, ou como "energia", realidade subjetiva, mas como "Consciência real" contendo o "objetivo", assim como o "subjetivo"; não apenas "a consciência na qual 'eu sou'", mas "a Consciência que 'Eu Sou'" e na qual se desenrolam todas as coisas e todas as energias?

Convém, talvez, começar a desenvolver em nós um triplo olhar:

1) O olho frontal que visa a objetividade: o que é visto.

2) O olho da cerviz* que leva em conta a subjetividade: aquele que vê.

---

* No original, "l'œil de la nuque". Cf. *infra*, p. 98ss. [N.T.].

3) O olho da consciência: aquele que cria "aquele que vê" e "o que é visto".

Essa tripla visão pode levar-nos a um triplo profundo sentimento:

1) O corpo sentido profundamente como objeto.

2) O corpo sentido profundamente como energia, como sujeito.

3) O corpo sentido profundamente como consciência.

Resta aprofundar na vida cotidiana essa tripla maneira de ver e essa tripla maneira de experimentar o sentimento de si:

1) Imagem de si (o ego), objeto de conhecimento, "o que conheço a respeito de mim".

2) Si-mesmo (o ego), sujeito de conhecimento, "o que conhece em mim".

3) Eu Sou, a consciência que me torna "capaz" de conhecimento de mim e das "coisas".

O que implica três maneiras de viver, que não se opõem; as três exprimem a Vida una:

1) Viver na consciência objetiva de meu corpo e do que me rodeia, correndo o risco de confundir isso com a realidade.

2) Viver na consciência subjetiva do corpo e de seu entorno, correndo o risco de confundir isso com a realidade.

3) Viver na consciência aberta ao "que é" ou ao que aparece nela: o corpo – a energia – os pensamentos etc., sem nunca se identificar com uma dessas realidades particulares.

Consciência objetiva ↔ olhar flecha ↔ olho de caranguejo

Consciência subjetiva ↔ olhar direcionado ↔ olho da cerviz

Consciência pura ↔ olhar aberto ↔ olho do espaço

1) Escuta seletiva	1) Imagem de mim
2) Escuta flutuante	2) O ego
3) Escuta aberta	3) Eu Sou

• Que o olhar seja "aberto", "direcionado" ou "flecha" – o Olhar está sempre aí...

• Que a escuta seja "aberta", "seletiva" ou "flutuante" – a Escuta está sempre aí...

• Que a consciência seja "pura", "subjetiva" ou objetiva – a Consciência está sempre aí.

• Que o "Eu Sou" seja identificado com "o ego" ou com uma "imagem de mim" – "Eu Sou" está sempre aí... Aliás, ele poderia estar alhures?

• Que o Real seja identificado com as realidades relativas, objetivas ou subjetivas – o Real está sempre aí... Aliás, ele poderia estar alhures?

O olho da cerviz

O olhar comum é, na maior parte do tempo, um olhar frontal, um olho "flecha" que visa, define, torna algo objetivo. Ele vê "coisas" e se consegue vê-las "com nitidez", "precisamente", ele é feliz.

Outro olhar é possível, não tem origem nos olhos ou na fronte, mas por trás dos olhos, da cabeça, do que poderia ser chamado de "olho da cerviz". É, de preferência, um olhar "direcionado" que acolhe, não visa nada, aquiesce ao que é sem procurar defini-lo ou objetivá-lo; ele não vê "coisas", mas um campo de energia ou de luz no qual aparecem linhas, formas, densidades...

Se a palavra existisse, seria preciso dizer que "o olho da cerviz" pretende, de preferência, "infinir"* e não tanto "definir"** o que vê; equivale a dizer que ele não quer nada, deixa o pássaro pairar em seu voo, sem tentar capturá-lo.

Olhar para algo ou alguém – uma paisagem, um corpo ou um rosto – com o olho da cerviz é cessar imediatamente de se apropriar disso, devolvendo-o ao espaço, ao entremeio, ao "fundo"; ao que não se vê no visível.

Não se vê "o fundo", mas talvez, às vezes, o que em uma imagem nos leva a pressenti-lo...

Em vez de "fazer abstração do real", trata-se de ver a abstração do Real.

Alguns artistas ocidentais – tais como Magritte ou Ammer Jácome – convidam-nos a olhar o mundo com

---

* Do latim *infinitus*: "sem limite ou sem fim", para indicar um processo ou operação que continua indefinidamente [N.T.].

** Do latim *definire*: "explicar, limitar, determinar" (de DE-, "completamente"; mais FINIS, "limite, fim") [N.T.].

o "olho da cerviz" de uma forma explícita; por sua vez, Bram van Velde, Hartung, Rothko, de maneira mais implícita...

Na fotografia, isso é mais raro; propõem-nos, quase sempre, "coisas para ver", bem "capturadas" pela lente ou manipuladas por diferentes filtros e técnicas de "retoque"; até mesmo o céu se torna "algo para ver" e é repleto de "glórias"* mais ou menos *new age* ou barrocas...

Já Aristóteles e, mais tarde, Mestre Eckhart, através da releitura de Averróis por Alberto Magno e Thierry de Freiberg, distinguem três tipos de intelecto – o *intellectus agens*, o *intellectus possibilis* e o *intellectus passibilis* –, e o que eu traduziria por três tipos de olhares:

• o olhar ativo ou criador;

• o olhar possível, nem determinado nem de determinante;

• o olhar passivo ou acolhedor.

O olhar ativo ou criador pode ser o do indivíduo que olha e torna objetivo o que vê; isto é, coloca um objeto em destaque separando-o da totalidade ou do infinito que o constitui. É o olhar frontal, é igualmente o princípio da incerteza, segundo o criador da mecânica quântica, Werner Heisenberg (1901-1976): meu olhar modifica, cria "o que vejo", mas o olhar ativo ou criador pode ser também o de uma visão mais ampla

---

* Fenômeno óptico que relembra um halo à volta da sombra do observador [N.T.].

do que a do indivíduo. Por ser então "passivo" (*intellectus passibilis*), o olhar do indivíduo dá lugar ao Olhar criador, propriamente dito, considerado como o único "intelecto atuante"...

O olho da cerviz corresponde ao *intellectus possibilis*; isto é, ao momento de recuo em que, tomando consciência de suas projeções, o olhar desaparece. Esse momento de apagamento ou de afastamento corresponde ao *intellectus passibilis* que pode então acolher, deixar existir o olhar criador (*intellectus agens*) que não é determinante (não torna nada objectivo), nem determinado (não se deixa imprimir ou "impressionar" por algo particular).

O olho da cerviz coloca o olhar humano em sua abertura máxima, resituando-o no plenamente Aberto... trata-se não somente do "olhar distante" que reconhecemos no sábio, mas do olhar infinito do infinito Real.

Os textos bíblicos chamam a nossa atenção para os povos de "cerviz dura"*. O que é ter uma cerviz, cabeça dura, se não o fato de permanecer em uma atitude rígida que atrapalha a nossa visão? É confundir a realidade com o que é apreendido pelos nossos "antolhos" (sejam estes de natureza científica, filosófica ou religiosa), é ser "tacanho", ver o mundo dentro de limites que deixaram de ser "abertos"...

---

* No original: "à la nuque raide". Cf. Ex 32,9; Dt 10,16; 2Rs 17,14; 2Cr 30,8; Ne 9,29; Jó 15,26; Sl 75,5; Pr 29,1; Is 48,4; Jr 7,26; At 7,51 [N.T.].

Recuperar a flexibilidade da cerviz é recuperar nossa capacidade de olhar nas quatro direções, mas também a altura e a profundidade de tudo o que vive e respira. Tudo "o que é visto" é, então, percebido ou contemplado como se tratasse de formas infinitamente porosas que o envolvem...

Trata-se de conferir aos seres e às coisas o respectivo "peso", a respectiva presença, presença nem objetiva nem subjetiva, mas realidade de uma inter-relação ou de uma interconexão da "objetividade" ou do "criado" (intelecto atuante) no "sujeito" dotado de olhar acolhedor (intelecto passivo) por intermédio da "escolha" do olho da cerviz (intelecto possível):

• retirada das projeções,

• acolhimento de outro olhar,

• deixar ser o que é dado em seu ritmo ínfimo e infinito, transitório e eterno...

Olhar para o mundo com o olho da cerviz pressupõe determinada "atitude"; a cerviz só é capaz de "olhar" quando ela é, sem dúvida, flexível, mas sempre no eixo da coluna vertebral, antena viva e vibrante que serve de conexão entre o céu e a terra, o visível e o invisível.

Abrir o olho da cerviz ajuda-nos sobretudo a tomar consciência, e não tanto "do que é visto", de "quem vê" e, assim, a manter-nos livres de todas as visões objectivas ou subjetivas que teriam tendência a impor-se no esquecimento da Consciência que as instala...

Só o olhar absoluto não vê nada em particular...

Ver a luz em todas as coisas é o primeiro eco dessa vastidão...

• O "Eu Sou" impede-me de ser "o que eu sou" enquanto eu não for o "Eu Sou".

Como estabelecer a paz entre o "Eu Sou" e "o que eu sou"? Entre "o Ser" e "o que é"?

Não desejar preencher a lacuna ou a distância a não ser mediante uma aliança; isto é, uma humildade: "O que eu sou" não é o "Eu Sou".

Eu não sou "Aquele que É aquele que Ele É" (YHWH).

Não é culpa minha, nem meu castigo, mas sim minha humanidade, minha humildade, minha identidade (húmus – barro – Adão)...

Mas, ao mesmo tempo, "o que eu sou" não pode esquecer o "Eu Sou" que é a própria origem de sua identidade. Esquecê-lo seria perder-se, esquecer-se de si mesmo...

"Retornar" (*teshuvá*) é "recordar-se".

É retornar do "esquecimento do Ser", do esquecimento do "Eu Sou" no "que eu sou".

Aceitar ser, ao mesmo tempo, "o que sou" e o "Eu Sou"; isto é, em outra linguagem, aceitar ser homem "e" Deus, finito e infinito, mortal e eterno...

Descobrir o "Arquétipo da síntese" como se fosse o que nos salva...

O que salva; isto é, o que aceita a totalidade do que nós somos, matéria e luz, "o que eu sou" "e" o "Eu Sou"...

• O que está na Origem de todas as (minhas) percepções?

Quem vê atrás de meus olhos?

O que faz com que a visão e o olhar se tornem possíveis?

É o que se deve ver e olhar.

O que é que pensa?

Remontar incessantemente à Consciência primordial em que aparece o primeiro pensamento e aparecem as mil e uma coisas. Estar nessa Consciência, ser essa Consciência: ver – amar – pensar tudo o que existe nela...

Não há "ego" que veja, viva, seja capaz de pensar ou amar. Existe a Consciência que vê, vive, pensa, ama...

• A Consciência tem vontade? Tem desejo?

A Consciência quer e deseja ser consciência em plenitude em todas as formas que são sua manifestação – ela quer e deseja sua plena realização, seu dom que é repouso e paz (*hesychia*).

A Consciência quer ser "o que ela é".

O "Eu Sou" incriado quer encarnar-se em um "eu sou" criado.

O "Eu Sou" insubstancial quer tomar corpo e manifestar-se de maneira carnal, material...

Quando o Infinito se encarna no finito, ele não perde sua natureza de infinito.

Para o ser finito, "a bem-aventurança" é descobrir a natureza do Ser infinito nele, inalterado e inalterável...

• É impossível "ter" o Ser.

A identidade que temos, que os outros nos dão ou que fabricamos para nós, não é a nossa identidade, não é o "Eu Sou".

Convém, em primeiro lugar, proceder à distinção entre elas (a fim de estar em melhores condições para uni-las):

• a identidade que tenho, a vida que tenho; e

• a identidade que eu sou, a vida que eu sou.

Reconhecer a distância, o "entremeio", e tornar essa "distância", não uma ruptura, uma violência, um recalcado, um sentimento de culpa, mas o espaço de uma amizade, de uma humanidade, o espaço de uma consciência...

Aceito ser "o que eu sou", é "nada" (*no-thing*) e não é nada porque o "Eu Sou" está aí!

Reconhecer a presença do "Eu Sou", da "Vida que sou" na "vida que tenho", no "que eu sou"... mas não "apagar", "negar", "rejeitar" a distância:

"O que eu sou" não é o "Eu Sou".

"A vida que tenho", e que nem sempre terei, não é a "vida que Eu Sou" sempre...

Se a consciência está faltando, posso viver na lucidez do abismo que "separa" "o que eu sou" do "Eu Sou" – não haverá aliança.

A Aliança está na consciência destes dois e deste "entremeio": "Eu Sou" "o que eu sou" na Consciência ou no Espírito que os une.

• "Onde é que Tu estás?" "Onde está o Eu?"

É a pergunta do Ser do qual vimos ao ser que somos. Trata-se da relação com a nossa origem, uma origem diferente do ego, do Si-mesmo, do Universo.

Se eu disser "tudo é consciência", de onde vem a consciência que é tudo? Existe Outro além de tudo? Outro além da totalidade pensável, imaginável?

O Infinito permanece impensável para um ser finito.

É também desse lado que se deve buscar a Transcendência que nos serve de fundamento, o Infinito de onde vem a consciência e de onde vem o sopro de vida, o Infinito para onde retorna a consciência e para onde retorna o sopro de vida.

O Infinito → a Consciência → Eu Sou → o ego → imagem de mim → o ego → Eu Sou → Consciência → Infinito

O finito não se dissolve no Infinito... Relaxa, abre-se... Ele conhece então a "forma" que o Infinito lhe dá, sem que essa forma o deixe confinado... o Infinito dá forma ao finito, não o confina em sua finitude...

• "Onde está, portanto, o 'ego' da humanidade como tal?"

Não em nossos múltiplos condicionamentos psicológicos, sociais, ou em nossas divisões étnicas.

"A nossa verdadeira vida – diz-nos Paulo de Tarso – está escondida com o Cristo em Deus" (Cl 3,3).

Nossa verdadeira vida está escondida em "Eu Sou" em sua relação com a Origem transcendente de seu ser...

A negação do fundamento de nossa identidade: a Alteridade, a Transcendência – só pode impedir-nos de sermos "plenamente" nós mesmos...

O esquecimento de Deus em mim, o esquecimento de Deus no outro seria a origem de todas as violências e de todos os sofrimentos?

Lembrar-se de Deus em si (Eu Sou) e o reconhecimento de Deus no outro: essa atitude seria a origem da paz?

Na consciência de Sua Presença em mim, no outro, já não consigo "apropriar-me" da minha vida, nem da vida do outro, tampouco matar-me nem matá-lo. Não sou apenas o "ego", mas o "Eu Sou" conectado à Origem (Eu sou filho do Pai); tu não és apenas tu, mas estás conectado à Origem (tu és filho do Pai).

• "Não há outro tu além de ti", "nenhum outro ego além de mim".

É ilusão ou fisionomia?

Quem diz "fisionomia" não diz objeto, mas "abertura".

Tratar o outro como um objeto é retirar-lhe a fisionomia, confiná-lo na visão objetivante que tenho disso, é esquecer o "Eu Sou" que está no "que ele é", é reduzi-lo à "coisa" e falhar "a Consciência"...

Uma fisionomia nunca é "isso", mas sempre Tu... A Consciência que nos toca e olha para nós...

• Não há nenhum itinerário, nenhuma topologia propriamente falando para o "Eu Sou":

O "Eu Sou" está sempre presente aí, sua ausência é seu esquecimento...

O itinerário do "que eu sou" para o "Eu Sou" ou "o retorno" é a memória, a anamnese (no sentido de tornar presente o que está aí).

O que é que está aí, presente?

Quanto mais me aproximo disso, tanto mais isso é insubstancial, tanto mais Eu fico danificado*...

O "Eu Sou" é o abismo** no centro do "ego", o "sem fundo" de meu fundamento sem fundo é o fundamento, sem pensamento, e a essência do meu pensamento, sem "mim" e a essência do ego.

Será que se deve fazer com que o sujeito se torne uma "substância" que carregue o pensamento, o amor, a vida?

Abordar o Real em sua insubstancialidade, não será uma forma de mantê-lo aberto?

---

* No original: *...plus Je m'abîme* [N.T.].

** No original: *l'abîme* [N.T.].

O "Eu Sou" desaparece nessa Abertura... Ele ainda pode conceituá-la como sua "origem"...

A palavra "origem" não será um baluarte contra a palavra "abismo"? Quando a muralha é submersa pelo abismo, advém o Silêncio...

- Gn 3,9-11

> *YHWH [O Senhor Deus] chamou o homem e perguntou:*
> *"Onde estás?"*
> *Ele respondeu:*
> *"Ouvi teu ruído no jardim*
> *e fiquei com medo*
> *porque estou nu*
> *e escondi-me".*
> *YHWH perguntou:*
> *"E quem te disse que estavas nu?*
> *Então comeste da árvore..."*

O medo original não é o medo de "ser sem Ser" (significado da nudez no Gênesis hebraico). Diante do Ser, será o medo de ser nada? Ou seja, estar fora do Todo?

O que é impossível: não se pode estar fora do Ser, salvo por recusa ou por esquecimento do Ser...

Aceitar ser Nada (eis o *non sum* da humanidade) para deixar ser Tudo (*Ego Sum* – Eu Sou).

- A antiga pergunta formulada pelo "Ser que É o que Ele É" ao argiloso (ao Adamah) é a seguinte:

> "Onde é que estás?", "Onde está o teu Ser?"
> "Onde está o teu 'Eu Sou'?"

O drama de Adão é que ele deixou de ser o "Eu Sou"; ele tem uma imagem de si quando já não está no Ser.

Ele tem medo de deixar de Ser: "Fiquei com medo ao ouvir teus passos no jardim"...

Como alguém pode ter medo do Ser, sentir-se culpado por estar separado do Ser?

Onde é que estás?

Será necessária uma vida inteira para "responder"... e viver é essa resposta, esse "respondedor"...

O ser só pode ser no Ser; o "Eu Sou" só pode ser com o Ser; "o que eu sou" só pode ser e se tornar o "Eu Sou".

> Onde é que estás?
> Estou presente,
> vivo, no Sopro de vida.
> Sou consciente.
> Consciente de quê? de Ser.
> Consciente de quem? do Ser.
> Estou "em companhia de", estou amando...
> O quê? O Ser que É assim.
> Quem? o Ser que é o que Ele É.

Onde é que estás?

Eis a única pergunta formulada pelo Ser e pela Vida.

"Sou/Estou exatamente aí onde Eu Sou"; aliás, será que posso ser/estar alhures e não aí onde eu sou?

Por que o ser humano não é/está "completamente aí onde ele é", à semelhança do animal, da árvore, do céu?...

Talvez porque ele saiba que "ele não é".

> Eu me escondi porque estou nu; porque eu não sou (*non sum*).

Porque não posso existir sem ti "que É"...

> "Eu sou quem eu sou", o ser livre de todos os determinismos, de todas as imagens e representações.
> "Eu sou/estou contigo", o Ser enquanto consideração, respeito, compaixão.
> O ser não é apenas substância,
> é Relação.

> Quanto maior for o grau de meu amor, tanto mais "eu sou".
> Quanto mais estou perdido, tanto mais facilmente me encontro.
> O ser é mais do que um ser; é dom:
> o amor que faz girar a terra,
> o coração humano e as outras estrelas.

> Eles não sabem o que fazem
> por não saberem o que eles são,
> por não saberem onde estão.
> Onde é que estás?
> Onde é que continuas a ser [*demeures-tu*]*?
> "Vem e acredita".
> "Aquele que permanece [*demeure*] no Amor
> permanece em Deus e Deus permanece nele"
> (1Jo 4,16).
> Ele permanece no movimento da Vida que se doa.
> O "Eu Sou" permanece nele.

---

* Verbo *demeurer*, literalmente: permanecer, continuar a ser, manter-se [N.T.].

Conecte-se conosco:

f   facebook.com/editoravozes

⭕   @editoravozes

𝕏   @editora_vozes

▶   youtube.com/editoravozes

🗨   +55 24 2233-9033

www.vozes.com.br

Conheça nossas lojas:

www.livrariavozes.com.br

Belo Horizonte – Brasília – Campinas – Cuiabá – Curitiba
Fortaleza – Juiz de Fora – Petrópolis – Recife – São Paulo

EDITORA VOZES LTDA.
Rua Frei Luís, 100 – Centro – Cep 25689-900 – Petrópolis, RJ
Tel.: (24) 2233-9000 – E-mail: vendas@vozes.com.br